江苏省中小学
社会实践基地风采录

江苏省教育装备与勤工俭学管理中心　编

南京大学出版社

编 委 会

主 任
朱卫国

委 员

前　言

行百里路，读万卷书。中国的教育，强调知行合一。中小学社会实践基地建设是全面贯彻党的教育方针，加强未成年人思想道德建设的重要阵地；是深化基础教育课程改革，组织中小学生了解社会、学习生活的第二课堂；是促进书本与实践相结合、动脑与动手相结合、学校教育与社会教育相结合的重要活动基地；是组织并引导中小学生走进自然、走进生活、活跃身心、健康成长的生活乐园。"十二五"期间，我省中小学社会实践基地经历了快速发展阶段，特别是教育部、财政部《中央专项彩票公益金支持示范性综合实践基地项目管理办法》（财综〔2011〕45号）下发以来，启动了全国示范性综合实践基地的建设工作，各地掀起了基地建设热潮，也助推了我省中小学社会实践基地建设的快速发展和品质提高，全省中小学社会实践基地由原来的30家发展到现在的50余家，年接待学生量达300万人次，整体水平走在全国前列。

江苏省中小学社会实践基地建设有着鲜明的特点。一是起步早。2001年，省教育厅在总结各地基地建设的经验后，出台了《关于加强中小学素质教育实践基地建设的通知》（苏教备〔2001〕28号），各地实践基地建设有了较快发展。二是有规模。我省50多家基地中，占地300亩以上的14家，投资1亿元以上的9家，有18家基地年接待学生实践活动超过5万人次，逐步形成了江苏基地集群。三是政府支持力度大。省校外教育联合会利用中央彩票公益金，加强对全省校外场所尤其是实践基地的专项支持，包括能力提升、活动补助和教师培训等项目228个，下达提升资金2.97亿元，活动补助经费1.26亿元。四是管理规范化。各基地对照省文明办和教育厅《江苏省未成年人社会实践基地运行管理测评办法》的规定要求，在课程开设和活动组织、师生发展考核、安全后勤保障服务、财务经费使用等四方面做到严格规范，逐步形成了"公益机制、规模发展、规范发展、特色发展、内涵发展"的江苏实践基地管理模式。五是课程特色化。南京行知的"三农"、无锡的"茶陶洞竹"、张家港的"长江文化"、南通的"海文化"、盐城的"盐文化"等，成为各实践基地的品牌特色课程，推动了基地的代际升级和内涵发展。

《江苏省中小学社会实践基地风采录》全方位展示了江苏的实践基地建设特点，较全面地呈现了江苏基地的建设情况、管理经验、特色课程及发展理念，为各地相互交流学习、共同发展提供了很好的样本，也为学校组织学生参加综合实践活动提供了更多的选择。"他山之石，可以攻玉"，各地既要学习借鉴其他地区的经验做法，也要坚持特色发展，因地制宜，不断创新机制和体制，努力提升基地服务学生、服务社会的能力和水平；要在做好服务过程中将基地做大做强，拓展活动项目，提高教师实践教学水平，不断提升基地的品质内涵；要加强交流合作，充分利用各地的地域区位优势，积极探索开展中小学研学实践活动。

基地建设是一项长期的工作，让我们大家共同努力，使江苏实践基地在"十三五"期间有更好更快的发展。江苏省中小学社会实践基地的今天风采动人，明天将更加精彩！

目 录

南 京 市

南京市中小学社会实践基地概况

　　南京市中小学社会实践基地的建设与发展，是围绕国家教育主管部门出台的《示范性综合实践基地实践活动指南（试行）》展开的。在操作过程中，"生存体验"、"素质拓展"、"科学实践"、"专题教育"四大主题呈现实践活动，为广大中小学生综合素质的培养与提升提供保障。目前，南京市社会实践基地由公办与民办两种不同办学形式组成，共有10个（公办7个、民办3个）综合实践基地，成为服务南京及周边地区中小学生社会实践活动的重要场所，同时也为其他行业、部门人员的技能拓展与专题培训等提供优质的资源，发挥了服务社会的综合效用。

　　南京市中小学社会实践基地的业务管理由南京市教育装备与勤工俭学办公室负责。公办基地隶属所在区教育局；民办基地服务所在区及周边区域，接受市级教育装备与勤工俭学办公室的业务管理。同时，各基地也得到社会各界直接或间接的帮助与指导。

南京市中小学实践基地

基地名称	基地性质	主管部门
江苏省南京未成年人社会实践行知基地	公办	浦口区教育局
鼓楼区青少年社会实践基地	公办	鼓楼区教育局
雨花台区青少年活动中心	公办	雨花台区教育局
南京市溧水区中小学生社会实践基地	公办	溧水区教育局
南京市学生阳光体育营地	公办	江宁区教育局
南京市江宁区土桥中心小学	公办	江宁区教育局
南京市十月军校	民办	栖霞区教育局
南京市六合区中小学生社会实践基地	公办	六合区教育局
南京市未成年人社会实践大金山基地	民办	溧水区教育局
南京金农汇生态农业科技实践基地	民办	雨花区教育局

江苏省南京未成年人社会实践行知基地

一、基地建设

江苏省南京未成年人社会实践行知基地位于南京市浦口区，成立于1994年7月，是江苏省成立的第一家学生社会实践专用基地。基地建筑面积4万平方米，占地200亩，分为生活体验区、室内体验区、户外种植区、文体活动区等功能区。生活体验区可同时容纳1200人食宿。室内体验区有茶艺室、农艺室、泥土创作室、波比足球室、多米诺体验室、军事模型馆、王荷波纪念馆等十多个馆室。文体活动区有体育馆及400米标准运动场等。户外种植区有果园、茶园、农作物种植试验区等。

基地2014年成为南京青奥会文化教育场馆，2015年成为教育部表彰的12个全国示范性学生实践基地之一，2016年在江苏省教育厅、省文明办举行的江苏基地测评中蝉联一等奖。除此之外，基地还先后获得"全国青少年校外活动示范基地"、"国家汉语国际推广基地"、"江苏省科普教育示范基地"、"江苏省小公民道德建设示范基地"等荣誉。

▼行知基地大门

▲行知基地天文地质古生物展览馆

江苏省南京未成年人社会实践行知基地基本情况

基地地址	南京市浦口区江浦街道行知路5号			法人代表	刘明祥
管理人员（人）	4	在编教师（人）	5	聘用人员（人）	20
占地面积（亩）		200	建筑面积（平方米）		40000
年接待能力（人次）	90000	宿舍床位数（张）	1300	就餐座位数（个）	1300
接待对象		小学生	初中生	高中生	其他
近年接待学生数（人次）	2014 年	13200	27000	36000	8800
	2015 年	13700	27000	39000	8300
	2016 年	14000	28000	42000	8000

注："占地面积"单位全书统一用"亩"。

二、课程设置

基地形成了五大领域、十六个模块的一百多项精品化、特色化、综合化的课程体系。

江苏省南京未成年人社会实践行知基地课程设置

序号	领域	模块	项目
1	"三农"实践课程	学习农业科技	艺莲苑实践、有机茶采制，参观雨发生态园、南农大江浦农场，扦插嫁接、棉花自花授粉，观看科学录像
		了解农村建设	听农村发展报告、农村社会调查、"三农"演讲，参观村办企业，参观农耕馆
		体验农民生活	春种秋收（采茶、割麦、插秧、采棉花、翻地、种菜、除草、挖红薯）、包粽子、农家餐体验、泥土创作、露天电影
2	生命安全实训与素质拓展课程	交通安全	十字路口过马路、隧道逃生、公交应急逃生、低头族演练、轮差轨迹、交通标识识别
		红十字急救	止血包扎、心肺复苏、急救搬运、跨步电压、模拟120报警、溺水施救
		消防安全	烟道逃生、隐患排查、灭火器使用、水带使用、标识识别、模拟119报警
		国防民防	观看国防报告，参观军模馆，防止踩踏训练
		素质拓展	信任背摔、模拟电网、百米障碍、齐心协力、毕业墙、车轮滚滚、挑战150秒、盲阵、驿站传书、雷区取水、鼓面颠球、多米诺骨牌
3	中华文化体验课程	融入行知文化	行知课堂、行知故事、陶艺、茶艺、荷艺、功夫扇、书法、篆刻
		体验民俗文化	农家体验、采茶制茶、二十四节气、十二生肖、剪纸、风筝制作、再生纸制作、美丽乡村行、江苏民歌、钓龙虾、抖空竹、滚铁环
		体验南京文化	参观中山陵、夫子庙、中华门、明城墙、南京大屠杀遇难同胞纪念馆、南京博物院、大报恩寺、江宁织造博物馆
		领略长江文化	朗诵长江诗歌，参观浦口老火车站、长江大桥、长江三桥、长江隧道，体验轮渡
4	研学旅行与军训课程	研学旅行	七彩的夏日夏令营、缤纷的冬日冬令营、手拉手夏令营、特困生夏令营
		军训课程	学习立正稍息、蹲下起立、行进与停止、停止间转法、报数、军体拳，观看励志电影、国防报告
5	主题教育课程	主题场馆	参观王荷波纪念馆、天文地质古生物馆
		文明礼仪	八礼四仪教育、文明礼仪教育
		陶冶情操	野营拉练、户外野炊、篝火晚会

鼓楼区青少年社会实践基地

一、基地建设

2015 年以来，鼓楼区青少年社会实践基地的基础设施建设水平进一步加强，活动课程内容进一步丰富，办学效果显著提升，社会影响日益扩大。

为丰富法治教育的体验性、趣味性，区教育局创建"南京市青少年生命安全法治实践基地"，使青少年普法工作更为生动。

为提高基地的安全管理硬件水平，区教育局技术装备办公室为鼓楼区青少年社会实践基地安装了监控探头 40 多个，监控覆盖了基地的各个区域，使基地的安全有了技术保障。

为升级基地国防教育馆的设施和内容，基地自筹资金对 120 平方米的国防教育馆进行了装修，更换亚克力展板和展板内容，增添了火箭军、战略支援部队等最新内容。

▼学生活动

在原有的学生活动室的基础上，基地建成电子与科技创新活动室、鲁班木工操作室、布艺与编织操作室；新建生活技能馆2个，扩大了学生社会实践活动的空间，丰富了学生社会实践活动的内容。

▲学生活动

此外基地还注重加强硬件建设，改善教学条件，提高办学水平。

加强教职工队伍建设。基地在对学生进行素质教育的同时，不断提升教师的业务培训和教科研活动水平。

加强基地常规管理。基地开展财务、资产管理，对食堂规范化建设。

鼓楼区青少年社会实践基地基本情况

基地地址		句容市葛村中学		法人代表	周东镇
管理人员（人）	1	在编教师（人）	3	聘用人员（人）	14
占地面积（亩）		50	建筑面积（平方米）		11000
年接待能力（人次）	80000	宿舍床位数（张）	1400	就餐座位数（个）	600
接待对象		小学生	初中生	高中生	其他
近年接待学生数（人次）	2014 年	20000	20000	6000	600
	2015 年	25000	20000	8000	1000
	2016 年	30000	30000	10000	5000

二、课程设置

基地面向广大中小学生开设了国防与民防教育、农业与科技教育、劳技与生活教育、生命安全与法制教育、研究性学习等课程。

鼓楼区青少年社会实践基地课程设置

序号	领域	模块	项目
1	国防与民防教育	初高中军训系列	初一年级、高一年级、大中专学生入学军训（按江苏省教育厅、江苏省军区关于大中专学生军训的规定内容）
		军事夏令营	军营一至三日活动，队列训练、轻武器射击、野外拉练、军事拓展活动等
		实战演习	激光模拟射击、镭战（真人CS）对抗演练、肩扛导弹射击、霹雳炮射击、飞碟射击、场地实靶射击
		国防知识普及教育	聆听国防教育专题报告会，观看国防教育录像，参观"两弹一星"馆和中国近代史教育馆，参观三军各种军事设备模型
		国防实践课	防核武器、化学武器、生物武器袭击的常识及综合演练，自救互救常识、心肺复苏及外伤的包扎演练等
2	农业与科技教育	专题参观	参观江苏农业博览会、岩藤农场、天王戴庄有机生态村、天王樱花园、茅山新四军纪念馆，参观农业示范田、奶牛养殖场、养猪场、花卉种植基地等
		农家生活体验	干农家活（翻地、播种、浇水、施肥、锄草、收割稻麦、拾稻穗、拾麦穗），吃农家饭；开展农村社会调查，并撰写调查报告
		技术与设计（高中）	插页式板凳的设计与制作、书架的设计与制作、工艺台灯的设计与制作、智能机器人
		模型制作	航母、火箭知识简介，航模、船模、车模、箭模、水火箭制作
		电子制作	家用电路常识简介，机器人组装、电子百拼
3	劳技与生活教育	劳技实践课	木工操作常识，木工创意制作：折叠式小板凳、书架、工艺储币钟、工艺相架、力学平衡小木偶、小木屋、七巧板、笔筒、滑道车、木制电动小汽车、音乐盒等
		工艺制作	风筝扎制、陶艺制作、中国结制作、太阳能小木屋制作等

序号	领域	模块	项目
3	劳技与生活教育	自理能力	中国菜系简介，购菜、配菜、摘菜、洗菜、炒菜、整理内务、收拾行李、洗衣叠被、洗刷碗筷、帮厨、包饺子
		生存能力	野外生存常识、挖野菜、垂钓、拾柴火、搭灶、自助式野炊、烧烤、搭建帐篷
		田园生活体验	参观草莓园并采摘草莓，参观葡萄园并采摘葡萄，拔萝卜、挖山芋等
		民间传统游戏	打弹子、跳绳、踢毽子、滚铁环、刷陀螺、抖嗡等
		团队合作项目	多米诺骨牌搭建、雷霆战鼓、众星捧月、大脚板、水枪对抗赛、泼水活动等
		艺术与生活	军民联欢会、师生联欢会、篝火晚会、才艺表演大赛等
4	生命安全与法制教育	防震减灾教育	防震避震讲座、地震模拟体验、避震技能演练
		消防安全教育	消防讲座、家庭火灾隐患查找、火场逃生演练、灭火演练（3D大屏幕模拟）、各类灭火器的灭火演练（实景）
		水上拓展项目	五环桥、铁索桥、波浪桥、彩虹桥、吊板桥、吊装桥等
		地面拓展项目	过软桥、穿越军事障碍区、背摔、爬山涉水、激流勇进、携手共进、过电网、翻越高墙、勇敢者之路、勇攀珠峰等
		交通法规与安全	普法长廊、交通法规讲座、交通安全讲座、汽车模拟驾驶、各种车辆行路实践、交通事故的责任认定和处罚（模拟）、交通事故的处罚（模拟法庭）
5	研究性学习	走访农户	农户家庭收支情况、就业或外出打工情况、农村养老医疗保险、子女教育投入等
		社会调查	句容葛村地区的现状与发展前景、改革开放前后当地农民生活状况、节约土地资源与引资开发的关系、特色农业（种植业、养殖业）发展情况等
		野外考察	江南丘陵地质地貌、人文景观的保护及开发利用等

雨花台区青少年活动中心

一、基地建设

雨花台区青少年活动中心位于南京市风景秀丽的南郊风景区。基地设施先进，功能完善，建有数字学习探究中心、汽车馆、航天馆、航海馆、木工馆、手工馆、陶艺馆、生态馆、机器人（创客教育）室、家政体验室、陶老师工作站分站等十多个综合实践活动专用多媒体场馆，以及农趣园、航模池、人造草皮运动场等室外活动场所。

基地先后荣获"全国'双有'主题教育活动先进集体"、"全国第二届青少年机器人奥林匹克竞赛暨第八届国际机器人奥林匹克选拔赛优秀组织奖"、"全国中小学生书法绘画作品大赛组织工作先进集体"、"江苏省校外教育先进集体"等荣誉称号。

雨花台区青少年活动中心基地基本情况

基地地址	南京市雨花台区宁丹路36号		法人代表	刘吉虎
管理人员（人）	7	在编教师（人）	18	聘用人员（人）	14
占地面积（亩）	45		建筑面积（平方米）	7750
年接待能力（人次）	50000	宿舍床位数（张）	520	就餐座位数（个）	560
接待对象		小学生	初中生	高中生	其他
近年接待学生数（人次）	2014年	8488	9985	9044	3600
	2015年	9032	18903	12453	4200
	2016年	10228	20036	13543	4800

二、课程设置

基地现开设国防、军事、科技、环保、机器人制作、无线电测向、"三模"制作、四驱赛车、手工编织、陶艺、京剧脸谱、木工制作、人文教育、"三防"教育等，趣味性浓、实践性强的实践活动课程114门。

▲数字学习中心

雨花台区青少年活动中心课程设置

序号	领域	模块	项目
1	生存体验	生活（家政）技能训练	宿舍内务：铺床、套被套、叠被子、衣物洗涤、房间布置及卫生打扫 生活：包水饺、糕点制作、家常菜烹饪、厨房卫生、简单家用水电器维修、写家信
		野外生存体验	秦淮河踏青、将军山远足、龙泉圣境远足、野炊、烧烤、露营、野外饮用水的寻找及净化
		紧急救护训练	心肺复苏、校园意外创伤救护
		防灾减灾演练	公共安全教育（水、电、交通、旅游等）、消防演练、地震逃生演练、传染病防治演练、其他自然灾害应急防护演练
		手工技艺体验	陶艺制作、纸粘土工艺制作、小火箭制作、工艺相框制作、京剧脸谱制作、纸版画创作、中国结编织、十字绣工艺、奥运五环编织，工艺笔袋、手袋、手机袋等制作，丝网花制作、编织小花篮、毛线编织工艺、串珠工艺、工艺笔筒制作、扎染工艺、虎头鞋制作、剪纸工艺

序号	领域	模块	项目
1	生存体验	农业劳动实践	农耕劳作、走近农具、粮食作物栽培、花卉栽培、蔬菜栽培、果树栽培与管理、无土栽培
		工业劳动实践	制作滑道车、小木屋、生肖闹钟、小板车、小木凳、平衡小木偶、空气净化器、手掷小飞机
		职业生活体验	小小糕点师、我是大厨、校园法庭、小小消防员
2	素质拓展	军事训练	队列训练、军事竞技、军事内务、军体拳和擒敌拳、激光打靶射击
		体能拓展	野外拉练、团队拓展
		环境保护	环保小卫士、垃圾分类
		趣味游戏	传统体育游戏，益智游戏，奇奇运动会：车轮滚滚、雷霆战鼓、幻影移位、再接再厉等
		文化娱乐	篝火晚会、文艺晚会、影视赏析、名曲鉴赏
3	科学实践	科学探究	数字星球馆：气候变化研究、地形地貌研究、太空星系研究、动植物识别、动植物生态考察等
		技术与设计	航模制作、海模制作、车模制作、无线电测向、电子百拼、电脑DIY、模拟飞行、无人机操控、风火轮、数字星球系列、非编程机器人搭建、编程机器人搭建、仿生机器人搭建
		科学与艺术	科学绘画、简单动画制作
		科普教育	参观南京市科技馆、南京雨花软件谷博览馆
4	专题教育	国情、省情教育	观看爱国主义教育影视剧、红色教育系列影片，组织革命诗歌朗诵会，教唱革命歌曲，学习"人文雨花"
		革命传统教育	参观南京大屠杀纪念馆、雨花台烈士陵园、岳飞抗金故垒，编草绳等
		传统美德教育	感恩教育、礼仪教育、廉洁奉公教育、诚信教育、家庭伦理教育
		民主与法制教育	法制讲座、税法教育、模拟法庭、法律知识竞赛、法制小游戏
		心理健康教育	心理咨询与辅导、青春期心理教育
		国防教育	人民防空防护演练、兵器知识讲座及模型拼装、军事体验夏令营
		环境保护教育	参观生态馆，学习垃圾分类，了解自制空气净化器
		毒品预防教育	视频、知识讲座：介绍毒品危害与预防
		民族民俗文化教育	传统体育比赛、风筝制作、扎花灯、编织中国结、十字绣、京剧脸谱设计制作

南京市溧水区中小学生社会实践基地

一、基地建设

南京市溧水区中小学生社会实践基地创建于 2001 年 8 月，建设目的是提高残疾人受教育层次，解决残疾人的就业问题。随着基地的不断发展壮大，现在已基本具备残疾人教育、培训和就业、中小学生社会实践，以及市民旅游观光、学习现代农业技术等三大功能。

目前，基地已扩建至 800 多亩，建有 3 个园（葡萄园、盆景园、牡丹园）、5 个区（水产养殖区、苗木繁殖区、果鸡生态放养区、无公害蔬菜栽培区、现代农业栽培区）。其中牡丹园的占地面积已达百余亩，是全省品种最多、规模最大的牡丹种植区。基地内还建有金鹰爱心公园、百昌亭、律亭、垂钓中心等景观和休闲处。现在已有 6 个班的听障、智障学生在基地接受培训，有 20 多名听障、智障毕业生在基地就业。2006 年 9 月，学校为就业残疾人办理了养老、失业、工伤、医疗、生育等 5 项基本保险，彻底解决了他们的后顾之忧。

▼学生欣赏牡丹

基地地址	溧水区永阳镇石巷老虎庄			法人代表	蒿华钦
管理人员（人）	4	在编教师（人）	12	聘用人员（人）	12
占地面积（亩）		200	建筑面积（平方米）		8000
年接待能力（人次）	20000	宿舍床位数（张）	600	就餐座位数（个）	600
接待对象		小学生	初中生	高中生	其他
近年接待学生数（人次）	2014 年	12000	6000	2000	—
	2015 年	12000	6000	2000	—
	2016 年	500	500	0	—

二、课程设置

基地以"实践育人"为原则，以"自主创新"为目标，依托真山真水，利用丰富资源，自主开发活动课程，共设置了短期、中期、长期三类实践活动方案，

▼基地远景

所开设的实践项目内容新颖、形式多样，共有八大主题，40多个小项目，供不同地区、不同年龄的中小学生自主选择。

南京市溧水区中小学生社会实践基地课程设置

序号	领域	项目
1	基地概况	观看基地宣传片，观看基地发展展板，听基地汇报讲座
2	走近残疾人	学习常用手语，学习手语歌曲，体验听障人生活，与残疾人交流、做游戏，参加残健结合、联欢活动，聆听残疾人事迹介绍
3	参观基地	参观蔬菜大棚，识别蔬菜品种；参观牡丹园，识别牡丹品种；参观花卉苗木，识别花卉苗木品种；参观果园，识别果树品种；参观家禽、家畜饲养场所，识别家禽、家畜；参观玻璃温室，了解有机瓜果蔬菜种植技术；采茶、制茶、品茶
4	劳动实践	整地除草，无公害蔬菜的栽培与管理，果树的栽培与管理，有机瓜果的栽培与管理，花卉的栽培与管理，家禽、家畜的饲养与管理，植树活动，苗木果树领养，温室育苗
5	生活体验	野炊活动、包饺子、果实采摘、垂钓活动、整理内务（叠被子比赛）

南京市学生阳光体育营地

一、基地建设

南京市学生阳光体育营地坐落于"全国十佳魅力乡村"之一的南京市江宁区横溪街道"石塘人家"景区，总占地面积约为150亩，由江宁区教育局和江宁区横溪街道共同投资打造。2014年营地建成，每次可以接待400人，年接待量约4万人次。营地面向青少年开展四大领域、八大模块近40项实践活动项目。营地设施较齐全、管理规范、特色性强，区域影响较大。

2014年12月，营地成功承办了"全国中小学综合实践基地建设研讨会暨现场观摩会"；2015年6月，营地成为"国家航管中心海模集训队培训基地"；2015年和2016年营地是第一、二届"全国青少年斯诺克系列赛赛事基地"；2015年营地获"南京市基地年度考核一等奖"，5月被教育部选为"全国研学旅行课题研究试点单位"；2016年营地被评为"江苏省研学旅行示范基地"。

南京市学生阳光体育营地基本情况

基地地址	南京市江宁区横溪街道石塘社区		法人代表	黄金宝
管理人员（人）	3	在编教师（人） 11	聘用人员（人）	18
占地面积（亩）	150		建筑面积（平方米）	7342
年接待能力（人次）	40000	宿舍床位数（张） 300	就餐座位数（个）	300
接待对象	小学生	初中生	高中生	其他
近年接待学生数（人次） 2014年	12526	3927	–	800
2015年	–	13288		3000
2016年	11500	6500	–	3020

二、课程设置

营地秉持"让今天的体验，成为明天有价值的经验"的教育理念，建设了以素质拓展活动为主的素质拓展中心、定向越野区、真人CS野战区、定向体验馆、篝火台等；以生存体验活动为主的野外露营区、登山拉练区、野外生存体验馆、餐饮中心、九里街服务区；以科学实践活动为主的海模实践区、天文公园；以专题教育活动为主的主题教育中心、升旗广场等十四个实践活动区域。

南京市学生阳光体育营地课程设置

序号	领域	模块	项目
1	生存体验	野外生存体验	露营、安营扎寨、登山拉练、野外生存馆体验
		紧急救护训练	心肺复苏
2	素质拓展	军事训练	真人CS、定向越野、定向馆体验
		体能拓展	场地、高空、水上、攀岩拓展训练
		文化娱乐	篝火晚会
3	科学实践	技术与设计	海模制作与操控
		科学探究	天文观测、3D影院
4	专题教育	国情、省情教育	举行升旗仪式，调查美丽乡村

▼拓展训练

南京市江宁区土桥中心小学

一、基地建设

江宁区土桥中心小学建于 1917 年，办学至今已近百年。多年来，学校一直奉行"乐创教育"的办学理念，秉持"因追求每天有新发现而快乐"的培养目标。2014 年在街道领导和主管部门的关心和支持下，土桥中心小学新建了规模和档次全省一流的校内学生社会实践基地——少儿乐创馆。少儿乐创馆现拥有海模、航模、七巧科技、Scrach 创客、电子百拼、创意科教模型、创意纸飞机、安全行车、模拟驾驶、模拟遥控飞行、E 气象站、数字生物馆、新能源等 14 个场馆 28 个活动项目。

近年来，学生在省级以上科技竞赛中获奖近两百人次，其中全国比赛一等奖22 个。学校教育在培养学生的同时，也造就了一批优秀科技辅导员，先后有七名老师或被评为省优秀科技辅导员，或受到市、区级的表彰。学校也获得"南京市科技特色学校"、"南京市中小学科创星光基地"、"江苏省科学教育特色学校"、"全国模拟运动指导站"、"全国科技体育传统学校"等荣誉称号。

▼土桥中心小学学生实践基地

▲学生实践活动

南京市江宁区土桥中心小学基本情况

基地地址	江宁区淳化街道土桥社区桂园西路160号		法人代表	秦礼春
管理人员（人）	2	在编教师（人） 17	聘用人员（人）	–
占地面积（亩）	5.46		建筑面积（平方米）	1638
年接待能力（人次）	40000	宿舍床位数（张）	– 就餐座位数（个）	688
接待对象		小学生	初中生 高中生	其他
近年接待学生数（人次）	2014 年	22605	– –	–
	2015 年	44730	– –	–
	2016 年	33500	– –	–

二、课程设置

南京市江宁区土桥中心小学充分发挥场馆功能，让区域内的学生享受一流的科技教育资源，扎实地开展科技启蒙教育活动，让学生从小接受科技的熏陶，培养和提升他们的科学素养，努力践行以"乐"为标、以"创"为旨的实践教育理念，扎实夯实"乐创"教育的根基。

南京市江宁区土桥中心小学课程设置

领域	模块	项目
科学实践	技术与设计	创意纸飞机、科教搭建、七巧科技、航空模型制作与飞行、航海模型制作与航行、电子百拼、模拟遥控飞行、电动遥控飞行、车模制作与行驶（安全行车）、模拟驾驶、创意编程
	科普教育	科教电影

南京市十月军校

一、基地建设

南京市十月军校始建于 2001 年，是一所集国防科普教育、爱国主义教育、核心价值观教育等于一体的青少年社会实践基地。学校现已建成的配套设施有：可容纳一千多人住宿的学生宿舍、可容纳八百多人就餐的餐厅、大中小型室内活动场所、户外拓展场地、露天烧烤活动场所等。

学校组织开展了青少年军事训练、春秋游、夏令营、户外拓展等活动，另外还开展了各类特色主题教育活动，如"重走长征路"、青少年道德讲堂、全国陶行知教育思想研讨会等，为全国各地的青少年社会实践、素质教育、价值观养成等提供服务。

▼青少年社会实践

南京市十月军校基本情况

基地地址	江苏省南京市栖霞区尧化街道水田村118号		法人代表	姚贤清
管理人员（人）	10	在编教师（人） 1	聘用人员（人）	30
占地面积（亩）	150		建筑面积（平方米）	30000
接待能力（人次）	100000	宿舍床位数（张） 1800	就餐座位数（个）	800
接待对象	小学生	初中生	高中生	其他
近年接待学生数（人次） 2014年	38000	42000	30000	12000
2015年	42000	40000	32000	14000
2016年	50000	43000	30000	15000

二、课程设置

基地的主要活动场所及设施有：2.5公里红军长征微缩文化景观、行知文化园、雷锋文化馆、国防教育馆、高家庄"地道战"、水上"桥世界"、实弹射击馆，以及正在筹建的抗战馆。

南京市十月军校课程设置

序号	领域	模块	项目
1	道德实践	国防教育	航空知识讲座、军事训练
		主题文化教育	雷锋文化宣讲、行知文化研讨、道德大讲堂
2	生涯体验	生命教育	急救知识普及、消防知识学习
		职业体验	职业生涯规划
3	科普研究	科普教育	军事知识大讲堂
		科技制作	无人机操纵技术学习
4	素质拓展	户外拓展	军事训练活动（军训）、水上系列（桥世界）、场地系列（重走"长征路"、高家庄"地道战"、实弹射击、彩弹对抗）
		体能竞技	高空障碍、攀岩
		趣味游戏	益智拓展小游戏
		心理辅导	感恩教育、团队凝聚力课程
		才艺展示	军训联欢晚会、主题朗诵、书法比赛

南京市六合区中小学生社会实践基地

一、基地建设

　　南京市六合区中小学生社会实践基地成立于 2012 年 10 月，占地面积 60 余亩，依山傍水，环境优美，文化氛围浓郁。实践活动综合楼、安全教育馆、主题教育馆、军事训练馆、办公楼、男女生及教师宿舍楼、餐厅等各类建筑面积达 2 万平方米。2015 年挂牌"南京市青少年法制宣传教育实践基地"，2016 年挂牌"南京市青少年社会实践基地"。

　　主题教育馆规划有国防教育、法制教育、科技教育、三防教育等模块，雨花石馆、茉莉花艺术馆、冶山农民画馆和六合特色餐饮（美食）文化等馆（室）；安全教育馆内建有交通、消防、公共、自然灾害、食品、水电、卫生健康、禁毒、反邪教等九个安全教育活动区；实践活动教学楼配置有无线电测向、三模、陶艺、电子电工、木工工艺、智能机器人等活动室。基地通过系列实践课程让学生收获博爱之德、救急之智、强健之体、文艺之美、辛勤之劳和同心之娱。

▼文化长廊

▲陶艺制作

南京市六合区中小学生社会实践基地基本情况

基地地址	六合区雄州街道瓜埠社区环山西路58号		法人代表	张勇
管理人员（人）	4	在编教师（人） 13	聘用人员（人）	12
占地面积（亩）	60		建筑面积（平方米）	20000
年接待能力（人次）	60000	宿舍床位数（张） 1256	就餐座位数（个）	600
接待对象		小学生 初中生	高中生	其他
近年接待学生数（人次）	2014年	0 12000	22000	300
	2015年	12000 20000	22000	500
	2016年	11000 24000	22000	600

二、课程设置

六合基地课程设置分为生存体验、素质拓展、科学实践、专题教育四大领域，共计30多个活动项目，整体规划设计融入了六合地方课程，以创新的形式彰显六合山、水、食、石、花、画等地方人文特色。

南京市六合区中小学生社会实践基地课程设置

序号	领域	模块	项目
1	生存体验	生活技能训练	豆制品制作
		安全教育	学习心肺复苏方法、创伤救护技法实践、消防演练、地震逃生演练
		手工艺体验	陶艺制作、软陶制作、丝网花设计与制作
		工业劳动	木工实体模型制作
		电子电工	发电机模型制作
2	素质拓展	军事训练	队列训练、激光打靶
		体能拓展	信任背摔
		竞技比赛	百米障碍赛、汉诺塔、有轨电车、珠行万里
		文化娱乐	文艺演出、电影欣赏
3	科学实践	技术与设计	无线电测向、橡筋模型直升飞机、实体客轮制作、电子百拼、电子钟设计与制作、编程机器人搭建
4	专题教育	国情省情教育	欣赏家乡美
		国防教育	人民防空防护演练
		毒品预防教育	毒品预防教育
		革命传统教育	参观革命英雄纪念馆

南京市未成年人社会实践大金山基地

一、基地建设

  大金山基地位于南京南郊，距市主城区50公里，濒临美丽的东屏湖，占地1200余亩，建筑面积2万多平米。基地内外山峦起伏，竹木葱茏，空气清新，环境优美。基地建有高、中、低三个档次的食宿服务区，日接待能力超过1500人次。大金山基地与大金山国防园、大金山AAA级旅游景区融为一体，资源共享。

  为了满足国内外、省内外综合实践、研学旅行、夏令营及冬令营的需要，基地每年都将开发新课程，以满足不同年龄层次人群的活动需求。现在基地每年接待南京市（包括溧水区）、安徽省等各个地方的学生及企事业单位员工活动十几万人次，具有很好的社会效益。2015年，关心下一代工作委员会在此挂牌"南京市未成年人社会实践基地"；2016年6月，与教育部教育装备研究与发展中心共建"大金山青少年户外活动营地"并正式挂牌；2016年，南京市溧水区教育局在此挂牌"溧水区中学生军训基地"。

▼大金山基地全景

▲学生活动

南京市未成年人社会实践大金山基地基本情况

基地地址	南京溧水区东屏镇金山路188号		法人代表	姜庆香
管理人员（人）	6	在编教师（人）　2	聘用人员（人）	22
占地面积（亩）		1200	建筑面积（平方米）	20000
年接待能力（人次）	150000	宿舍床位数（张）　720	就餐座位数（个）	500
接待对象		小学生	初中生　高中生	合计
近年接待学生数（人次）	2014年	22682	21435　17039	61156
	2015年	33568	32971　25845	92384
	2016年	—	—　—	超120000

二、课程设置

基地在生存教育、科学实践、素质拓展、主题教育四大领域课程体系中有一百多个活动项目，其中国防教育是基地的特色品牌课程。建有国防教育馆、雷锋馆、抗战纪念墙、兵器展示区、军事娱乐体验区、VR体验活动区、真人

CS 战场、实弹射击区、400 米军事障碍体验、高射炮操练、水上武装泅渡等系列特色课程。

南京市未成年人社会实践大金山基地课程设置

序号	领域	模块	项目
1	生存教育	军事娱乐体验	激光打靶、导弹射击、真人 CS、步枪、手枪实弹射击等
		户外军事体验	400 米军事障碍体验、水上武装泅渡、高射炮操练、工兵挖地雷等
		参观军事教育场馆与装备	参观国防教育馆、雷锋纪念馆、抗战纪念墙、兵器展示区
		户外生存体验	帐篷搭建、驾车体验、扎筏泅渡、篝火晚会等
		地震与消防体验	消防设施认知与使用、防空演练、消火栓出水打靶、油锅火灾处置、消防车体验、高层救援逃生、家庭火灾隐患查找、地震斜楼的逃生演练、地震与搜救、自救、互救
2	科技实践	科技体验	VR 体验馆、7D 影院、无人机的飞行与操控
		科技制作	水火箭的制作与发射、航模制作、电动船制作、机器人制作、DIY 电风扇制作，自制水上机器人、滑行小飞机、易拉罐压路机、会走路的机器人、组装 FI 空气动力车、木质航空母舰、四驱车、电子百拼
3	素质拓展	高空拓展	攀岩、断桥、天梯
		地面拓展	定向越野、足球训练、工程搭建、多米诺骨牌搭建、趣味运动会项目
		水上拓展	静水皮筏艇竞赛、脚踏船比赛
4	主题教育	劳技与工艺制作	小木工制作、和光宅拼装、丝网花制作、草编制作、面塑制作、扑克牌创意制作、工艺灯笼制作、中国结、剪纸
		生活技能教育	生活技能馆体验、野炊、烧烤、包饺子
		农事劳作	采茶、种菜、采摘水果，了解节气与农事，走进农家，社会调查，农事体验

南京金农汇生态农业科技实践基地

一、基地建设

南京金农汇生态农业科技实践基地集绿色农业生产、健康菜品配送于一体，在溧水拥有近 1000 亩的绿色蔬菜种植及养殖基地。基地为雨花台区、秦淮区、玄武区、仙林高校区、江宁大学城等近 40 家幼儿园、小学、中学及大学食堂配送食材，直接服务人员将近 50000 人。基地采取绿色无公害的种植方式，采用了 GAP 绿色农业管理模式和最先进的农业栽培技术，全力创造环保绿色的种植理念，力争打造成南京市中小学生绿色蔬菜供应基地。

金农汇生态农业科技有限公司以打造南京市教育系统后勤保障供应标杆企业为使命，本着客户至上、品质为先的原则，以最专业的服务技能、最优秀的服务品质、最诚恳的服务态度，成就最健康、最绿色、最环保的高品质生活。

▼基地大门

南京金农汇生态农业科技实践基地基本情况

基地地址	南京市溧水区和凤镇毛公埠行政村后家村		法人代表	段为民
管理人员（人）	3	在编教师（人） 0	聘用人员（人）	20
占地面积（亩）	500		建筑面积（平方米）	800
年接待能力（人次）	5000	宿舍床位数（张） 0	就餐座位数（个）	0
接待对象	小学生	初中生	高中生	其他
近年接待学生数（人次）2014年	2500	2000	2200	1200
2015年	2500	2200	2000	1400
2016年	2400	2500	2400	1400

二、课程设置

基地在充分利用现有的农田、池塘、山地、树林等资源全力发展养殖业和种植业的同时，与雨花台区教育局和南京市教育局技术装备与勤工俭学办公室共同合作，建设雨花台区中小学生学农基地，让学生走进农场，走进自然，走进社会，了解农业，了解农村，了解农民，在实践中体验生活，增长知识，培养能力，从而提高学生素质，培养中小学生实践能力和创新精神，推进未成年人思想道德建设。

南京金农汇生态农业科技实践基地课程设置

领域	模块	项目
学农	参观基地	认识农器具及使用方法；参观蔬菜大棚，识别蔬菜品种；了解大棚种植技术
	劳动实践	农作物采摘，农作物种植体验

无 锡 市

无锡市中小学社会实践基地概况

2012 年以来，无锡市积极推进全市中小学生社会实践基地建设，成立了"行知大学堂"中小学生校外教育实践基地群。基地群整合了无锡市爱国主义教育基地、博物馆、纪念馆、展览馆、青少年宫等未成年人活动场所，以及农村和社区未成年人活动场所、各行业建立的具有行业特色的学生社会实践基地等资源，形成了覆盖面广、功能突出、公益性强的学生社会实践场所网络。

无锡市中小学社会实践基地

基地名称	基地性质	主管部门
江苏省无锡未成年人社会实践基地	公办	宜兴市教育局
无锡市青少年禁毒教育基地	公办	无锡市教育局
无锡市东林书院管理中心	公办	无锡市文化广电新闻出版局
秦邦宪故居中小学生社会实践基地	公办	无锡市名人故居文物管理中心
顾毓琇故居中小学生社会实践基地	公办	无锡市名人故居文物管理中心
惠山区民防教育实践基地	公办	洛社镇人民政府
宜兴徐悲鸿纪念馆	公办	宜兴市文广新局
无锡市同乐拾珍历代艺术馆	民办	无锡市文化广电新闻出版局
无锡市中医医院中小学生社会实践基地	公办	无锡市卫生和计划生育委员会
王选事迹陈列馆	公办	无锡市教育装备与学生资助中心
无锡市学生综合社会实践马山基地	民办	无锡市教育局

"行知大学堂"中小学生校外教育实践基地群以贴近和服务广大中小学生为宗旨，以加强社会主义核心价值观教育为核心，以培养创新精神和实践能力为重点，以帮助中小学生增长知识、开阔眼界、陶冶情操、提高能力、愉悦身心、健康成长为目标。基地群主要在学校实践日、日常假期以及重要节庆日等时间举办活动，

积极构建"组织规范化、内容多元化、形式多样化、服务人性化"的校外社会实践教育体系，努力打造学生喜欢的活动场所、家长放心的教育阵地、社会满意的未成年人活动乐园。

随着教育内涵建设深入推进、素质教育全面实施，无锡市教师队伍整体素质快速提高，基地不仅入选全国教育管办评分离改革综合试点单位，而且被列入苏南教育现代化示范区。

江苏省无锡未成年人社会实践基地

一、基地建设

江苏省无锡未成年人社会实践基地自 2001 年创建以来，已发展成为集社会实践、国防教育、户外体育、科普教育于一体的国家级未成年人社会实践基地。

近年来，基地全面启动实施"优势发展"战略，以"江苏省基础教育前瞻性教学改革实验项目"为抓手，高质量完成省教育学会"十二五"课题《实践基地综合实践活动课程研发与实施策略研究》，成果获评"全国中小学德育工作优秀案例"、"首届江苏省教学成果奖基础教育一等奖"、"全国基地特色化办学成果一等奖"、"全国未成年人校外教育理论与实践研究优秀成果二等奖"和"全国综合实践活动优秀课程资源二等奖"。

基地自创办以来，承办或协办"全国中小学社会实践基地建设现场会"、"全国中小学示范性综合实践基地观摩研讨会"、"中央专项彩票公益金支持示范性

▼无锡未成年人社会实践基地全景

▲学生们参加军训汇报表演

综合实践基地项目培训会"、"2015年秋季实践基地管理者与骨干教师研修班"、江苏省"学党史、唱赞歌、树美德"教育实践活动总决赛、江苏省"七彩的夏日"、"红色之旅"夏令营等活动，获评"全国青少年校外活动示范基地"、"全国未成年人思想道德建设工作先进单位"、"全国教育系统先进集体"、"全国青少年户外体育活动营地"、"全国科普教育基地"等。

江苏省无锡未成年人社会实践基地基本情况

基地地址	宜兴市张渚镇善卷西路56号		法人代表	查立舫
管理人员（人）	5	在编教师（人） 26	聘用人员（人）	48
占地面积（亩）	200		建筑面积（平方米）	33600
年接待能力（人次）	110000	宿舍床位数（张） 1500	就餐座位数（个）	1500
接待对象	小学生	初中生	高中生	其他
近年接待学生数（人次）	2014年 775	11645	96960	213
	2015年 2888	7024	99941	312
	2016年 2006	—	91560	28

二、课程设置

江苏省无锡未成年人社会实践基地根据无锡地方特色以及中小学的教学需要，设置了生活实践、道德实践、心理体验、科学探究、社会考察等领域组成的课程体系，力图全方位发展学生的课外实践能力。

江苏省无锡未成年人社会实践基地课程设置

序号	领域	模块	项目
1	生活实践	文化鉴赏	洞、竹、茶、陶、农耕、明清家具等鉴赏课程，茶道、茶艺、陶艺 DIY 等
2	道德实践	专题教育	国防、人防、法制、消防等专题教育
3	心理体验	素质拓展	拓展训练（高空、攀岩、低空、情景）、高空应急逃生、多米诺骨牌码放竞赛、野营拉练、野外生存训练等
4	科学探究	实践创作	3D 打印创客工作室、猎狐行动、风筝制作与放飞、急救（心肺复苏）、标本制作等
5	社会考察	科学考察	产业发展调查（竹、茶、紫砂、环保产业发展调查）、文化游学（文物古迹、陶博馆、茶博园、名人故居等考察）、生态保育（喀斯特地形地貌考察、竹海生态考察）等
6	自然与环境	农事劳作	采茶、制茶、竹器制作、园艺劳作、果树栽培等
7		晚间活动	电影赏析、体育比赛、才艺表演、校园吉尼斯挑战赛、锡剧《花季谣》鉴赏等

无锡市青少年禁毒教育基地

　　无锡市青少年禁毒基地于 2011 年 6 月 28 日在市北高中科技楼正式落成，引入国际最先进的多点触摸多媒体交互技术，开发了禁毒工作多媒体交互展示平台。基地通过声、光、电等各种青少年学生喜闻乐见、易于接受的形式，让青少年学生能够接受到系统、科学的禁毒教育。基地的落成，从根本上解决了学校毒品预防教育硬件资源上的不足。基地成为学校毒品预防教育的主阵地，是 2012 年首批加入"行知大学堂"的成员单位之一。

　　近几年基地围绕青少年毒品预防教育，主要开展了以下工作。

　　对社会开放毒品预防教育资源。2015 年度基地接待活动达 51 批 1568 人次，主要活动人员为市区各社区组织的青少年暑期活动成员。2016 年度基地继续成为有效展示无锡市未成年人预防毒品教育的窗口，接待外地来访参观学习 18 批 350 余人次。

▼无锡市青少年学生禁毒教育基地

▲中小学教师接受校园毒品预防培训

　　基地紧跟当前禁毒工作发展需要，定期更新多媒体交互展示平台的内容。基地加强与市公安局禁毒支队合作，提升基地硬件水平。2015 年，基地对全部展板进行了更新，增添了部分内容，并增设了两台交互式电视，提升青少年参观者的互动乐趣。

　　为更有效开展毒品预防教育工作，基地与无锡市公安局和教育局合作，举办了无锡市中小学毒品预防教育师资培训班，为无锡市未成年毒品预防教育培训师资 230 余人。

　　基地努力构建家校共建预防体系，共同做好毒品预防工作。基地在 2015 年通过学校各年级的家长会，向全体家长宣讲目前毒品犯罪的现状、加强对孩子毒品预防教育的重要性、家庭如何做好对孩子的家庭预防教育，也达到了良好的效果。

　　基地积极开展青少年禁毒志愿者活动。市北高中建立起一支 50 人的禁毒志愿队伍，定期深入社区开展禁毒宣传活动，得到社会各界的赞许和认同。

　　基地发挥学校班主任和相关课任老师的能动性，开发课程资源，评选出一批学校毒品预防教育优秀教案和课件，并将这些教案形成系列，以期形成学校的校本课程。

在无锡市公安局和教育局的大力支持下，基地工作整体推进有序，社会反响良好，基地成为无锡市未成年人毒品预防教育的亮点。基地所在的无锡市市北高级中学连续 5 年被评为"无锡市禁毒工作先进集体"，2016 年被市公安局推荐申报"全国禁毒教育工作先进集体"。

无锡市青少年禁毒教育基地基本情况

基地地址	梁溪区黄巷街道广石西路 987 号		法人代表	杨文君
基地性质	未成年人免费校外活动场所		一次性接待学生最大数量（人次）	500
近年接待学生数（人次）	2014 年 1280	2015 年 1568	2016 年	780

▲展厅

无锡市东林书院管理中心

　　东林书院创建于北宋政和元年（1111 年），是著名学者杨时在无锡的讲学之处。明万历三十二年（1604 年），顾宪成与高攀龙等人同倡捐资修复书院，并相继主持其间，聚众讲学，间或指陈时弊，裁量人物，锐意图新，自称"东林人"，引起朝野倾慕，影响极大，有"天下言正学者首东林"的赞誉。顾宪成所撰名联"风声雨声读书声声声入耳，家事国事天下事事事关心"更是享誉海内外，成为东林志士读书讲学而不忘国家安危的真实写照。书院现为全国重点文物保护单位，国家 4A 级旅游景区，省、市爱国主义教育基地。

　　基地特色活动主要有：针对未成年人进行国学启蒙教育的"朗朗读书在东林"少儿经典诵读活动；"八礼四仪"宣教活动，2015 年，书院打造了"明礼堂"，把中华优秀传统文化和"八礼四仪"的文明礼仪基本知识有机融合，成为无锡市"八礼四仪"文明礼仪规范传播基地；2014 年，书院创办"东林国学讲堂"，将优秀传统文化普及从青少年拓展至社会大众。

▼东林书院石牌坊

▲学生行入学礼

　　迄今，书院被评为"江苏省社会科学普及示范基地（2015—2017）"、"江苏省十佳全民阅读推广基地"等，荣获"第四届江苏省未成年人思想道德建设工作创新案例"二等奖。

无锡市东林书院管理中心基本情况

基地地址	无锡市解放东路 867 号		法人代表	荣骏炎
管理人员（人）	5	在编教师（人）　0	聘用人员（人）	—
占地面积（亩）	20	建筑面积（平方米）		2800
年接待能力（人次）	240000	宿舍床位数（张）　—	就餐座位数（个）	—
接待对象	小学生	初中生	高中生	其他
近年接待学生数（人次）				
2014 年	46000	40000	38000	—
2015 年	50000	37000	30000	—
2016 年	49000	38000	30000	—

惠山区民防教育实践基地

一、基地建设

惠山区民防教育实践基地于 2014 年 4 月 10 日正式对外开放。基地布展部分有人民防空、防震减灾、天灾防护、日常救护、交通安全、用电安全、消防安全、毒品预防等板块。生动的布展内容着力拓展学生的视野，丰富学生的生活知识，有效提高学生的法规意识和防灾减灾意识。系列化的布展形式努力突出科学性、趣味性和实践性，参观、讲课、开展现场体验和操作演练，有利于全面提高教育实效，培养学生的生存、适应能力，提升学生的综合素质。该基地单次可接待 150 人的团队，配套有停车场地、阅览室和阶梯教室等设施。

基地以促进学生综合素质的全面提升为己任，积极开展公益性青少年校外活动，主要包括以下几个方面。

立足校内，开展教育实践。基地首先立足本校，开展教育实验，三、四年级各班均结合学校自编的市级统一教材《小学民防知识教育读本》上课，并结合"5·12"、"11·9"、"11·25"等主题日，在全校范围内组织丰富多彩的实践活动。

▼基地外景

▲基地对外开放活动日

　　走进社区，传播阳光理念。自2012年起，基地组织的"民防小达人进社区"活动已成为向孩子们传播知识、分享快乐的节日盛典。学生们不仅把民防知识带给了附近居民，更是将关爱生命、尊重生命、对生命负责的阳光理念切实地身体力行并进行传播。

　　顶层设计，统整专题课程。为使小学民防知识教育更加系统、科学，逐步发展成较为完善的课程体系，基地建设领导小组审视现状，注重顶层设计，加强小学民防教育综合实践课程的建设，现该课程被评为"江苏省小学特色文化建设课程"。

　　加强研讨，引领教育实践。为了能充分发挥示范引领作用，基地加强教育研讨，承办了全省、全市的小学民防知识教育研讨会和2014、2015两届全市小学民防知识教育骨干教师培训班，接待参训教师近500名。

　　接待参观，打造快乐学园。基地同时认真做好对各个参观、实践团体的接待工作，成立基地接待领导小组，拍摄专题介绍片，编印基地参观手册，拟定基地接待须知，设计主题活动，并在三、四、五年级培训了一支60人的学生讲解员队伍，负责引领大家深入参观、有效体验。

惠山区民防实践教育基地基本情况

基地地址	无锡市惠山区洛社镇前石路28号			法人代表	王建新
管理人员（人）	5	在编教师（人）	4	聘用人员（人）	1
占地面积（亩）		10	建筑面积（平方米）		4756
年接待能力（人次）	20000	宿舍床位数（张）	0	就餐座位数（个）	2300
接待对象		小学生	初中生	高中生	其他
近年接待学生数（人次）	2014年	4644	180	—	256
	2015年	3623	200	—	225
	2016年	4217	—		108

二、课程设置

　　基地属于依托学校建立的民防实践教育基地，课程以民防专业课程为主，并拓展延伸至地震体验、心肺复苏学习、禁毒教育、心理健康教育等多方面，满足学生的全方面发展需要。

惠山区民防实践教育基地课程设置

领域	模块	项目
综合实践	通识教育	民防知识教育

▼学生进行火场逃生模拟训练

无锡市同乐拾珍历代艺术馆

同乐拾珍历代艺术馆由民办企业家吕俊波先生创办。艺术馆占地 1200 平方米，汇集无锡地区具有较高科学、历史、艺术价值的文物精品 1000 余件，门类涵盖玉器、瓷器、青铜器、金银器、竹木牙雕刻器，以"拓泥填土成珍品"、"斑斓璀璨夺天工"、"文玩微器现大观"等专题陈列，直观形象地反映无锡物质文明的进化历程。

艺术馆秉持"注重儿童实践、自主参与，儿童思想道德建设，务必力戒空洞说教和形式主义，多开展丰富多彩的实践活动，让儿童在行动中明理，在实践中锻炼，学会自己教育自己"这一理念，为学生量身打造丰富多彩的实践活动，使学生深度参与、积极自主地沉浸在实践活动中。活动深受学生的喜爱和欢迎，基地取得了极佳的育人效果。此外，艺术馆积极为学生创设道德建设的社会实践场所。迄今为止，基地成功共举办了 6 次亲子活动和夏令营活动。

2015 年，艺术馆共完成 19 批 200 人次的综合实践、课题演讲、亲子互动、陈列展览、学术研究等对公众开放的社会服务活动接待任务。

无锡市同乐拾珍历代艺术馆基本情况

基地地址	无锡市滨湖区建筑西路 599 号 2 幢 216 室		法人代表	吕俊波
基地性质	各行业、中小学生社会实践活动	一次性接待学生最大数量（人次）		200
近年接待学生数（人次）	2014 年 3000	2015 年 4500	2016 年	3800

无锡市中医医院中小学生社会实践基地

一、基地建设

　　无锡市中医医院是市文明办、市教育局于 2015 年确立的"行知大学堂"无锡市中小学生社会实践基地，是无锡市科普教育基地、江苏省中医药文化示范单位，是一家集中医医疗、教学、科研、中医药知识宣讲及中医传统技术展示、体验等于一体的青少年校外素质教育活动基地。

　　基地设有无锡市中医药博物馆和中药百草园，二者是无锡地区中医药事业建设的里程碑，具有鲜明的文化标志性。无锡市中医药博物馆位于医院门诊楼第 4、5 层，建筑面积约 500 平方米，包括无锡市龙砂医学流派馆、无锡市非物质文化遗产传统医药展示馆、无锡市中医院院史馆 3 个分馆。丰富的图文、实物、文献、标本等集中展现了龙砂医学流派学术思想和文化内涵、无锡市传统医药领域的非物质文化遗产项目及医院建院发展史。医院开辟的中药百草园建筑面积约 4500 平方米，以园林小品形式构建，园内栽种了薄荷、车前草等几十种中草药，并以人形雕塑方式展示中药炮制方法，为青少年及市民提供了中药材知识的科普教育场所。

▼传统医药项目展示馆

▲老师讲解中医常用穴位

　　近年来，基地结合自身资源特点，以"中药本草香"——中医药文化体验、"中医药就在您身边"——中医药科普等主题教育活动为抓手，将社会实践的知识性、趣味性、实用性、教育性落到了实处。基地每年接待无锡市近万名学生到此参加社会实践，充分发挥了医院在医史教学、中医药文化知识普及、爱国主义和民族中华传统文化教育等方面的重要作用，基地逐渐成为无锡市中小学生了解中医、中医入门的最佳场所。

无锡市中医医院中小学生社会实践基地基本情况

基地地址	无锡市中南西路8号		法人代表	陆曙
管理人员（人）78	在编人员（人）	850	聘用人员（人）	540
占地面积（亩）	108		建筑面积（平方米）	162200
年接待能力（人次）10000	宿舍床位数（张）	—	就餐座位数（个）	—
接待对象	小学生	初中生	高中生	其他
近年接待学生数（人次）　2014年	3000	1000	1000	5000
2015年	3200	1000	1000	5000
2016年	3500	1000	2000	5000

▲龙砂医学流派展示馆

二、课程设置

　　无锡市中医医院依据自身传统和实际情况，参考中小学生在日常学习、生活中对中医学知识的需求，设置了符合自身情况的特色课程体系，涉及中医药、推拿、草药等诸多内容。

无锡市中医医院中小学生社会实践基地课程设置

领域	模块	项目
中医药文化	主题宣讲	"我讲你听，走近中医"，中医药知识宣讲
	现场参观	"小故事，大名医"，中医药博物馆实地参观
	体验感知	"小推拿，大乾坤"，中医传统技术感知体验
	实战操作	"小徒弟，大师傅"，小小药剂师中药调剂
	互动检阅	"小纸片，大责任"，中医药知识现场检阅
	拓展延伸	"相约本草，探秘中医"，中医药游学寻访

王选事迹陈列馆

一、基地建设

　　王选事迹陈列馆坐落于无锡市解放东路上的辅仁中学旧址，于 2009 年 7 月 2 号正式对外开放，馆名由全国政协副主席、九三学社中央主席韩启德亲笔题写。陈列馆分为序厅、"莘莘学子，立志报国"、"自主创新，敢为人先"、"当代毕升，功在千秋"、"甘为人梯，大家风范"、"身居高位，鞠躬尽瘁"、"学习王选，勇攀高峰"七部分内容。

　　展馆通过实物、资料、多媒体、蜡像场景还原等形式展现两院院士、激光汉字照排技术创始人王选的个人生平及丰功伟绩。展馆主要设六大展区，分别展出王选童年时光、大学年华、创业时代、辉煌时期、大家风范、奉献一生等方面的图片、音像、实物等资料，形象真实地展现王选光辉的一生。

　　陈列馆 2015 年共接待未成年人 7000 多人次。上海南洋模范中学是王选的母校，每年四月底，陈列馆要接待上海南洋模范中学 800 多名学生前来参观学习。此外，

▼学生们参加成人仪式

▲上海市南洋模范中学境外部学生参加成人仪式

还接待"王选中队"的学生500多名。

为丰富学生们的课余生活，寒暑假期间，展馆开展"七彩假日"和"雏鹰小队"活动。家长带着孩子一起参观学习，在互动区域体验"铅字排版流程"，增进亲子关系的同时，孩子也学习到了课外知识。

展馆积极联系街道社区，组织孩子们在假期参观，观看有关王选的影像资料，让王选的优秀品格和崇高精神成为孩子们行动的指明灯，使孩子们深刻理解王选"开拓创新，振兴中华"的精神内涵，在王选崇高精神的指引下努力学习，勇于实践，奋发有为，服务人民，报效祖国。

王选事迹陈列馆基本情况

基地地址	江苏省无锡市梁溪区解放东路867-1号				法人代表	王静
类别	爱国主义教育基地		一次性接待学生最多数量（人次）			800
近年接待学生数（人次）	2014年	3000	2015年	3000	2016年	2000

无锡市学生综合社会实践马山基地

一、基地建设

马山基地坐落于无锡市滨湖区马山半岛西南的马山和平社区，社区山清水秀，依大佛傍太湖，优美的自然山水与深厚的人文景观交相辉映。物产富饶，教育资源得天独厚。爱国主义、国防题材、科普环保、自然景观和历史文化资源等丰富，为基地活动奠定了良好的基础。以团队建设为核心的多姿多彩的系列拓展训练和定向运动为广大青少年所喜闻乐见。具有前瞻性理念的生命教育系列活动得到省、市教育行政主管部门的一致好评。基地服务对象以无锡市初中段学生为主，与宜兴高中基地和花卉园小学基地均经无锡市教育局论证批准授牌。2003 年 4 月 8 日投运至今，共接待 20 余万人次，取得良好的社会经济效益。

基地一直坚持育人为本理念，寓教于乐。坚持学生发展，与时俱进，坚持社会效益优先，以培养和塑造适应未来社会需要人才为目标导向。根据不同学校、不同年级的特点，基地强调理念、目标、流程、环节的一致性。针对学生特点，

▼学生参加军训活动

▲学生参加团体协作活动

基地设计创编针对性个案，形成团队建设、生命教育、农事体验、军体训练、生活教育、才艺比拼、感恩教育等系列活动模块，探索出行之有效的青少年素质教育路径，获得学生、学校、家长的一致认同。

无锡市学生综合社会实践马山基地基本情况

基地地址		无锡市滨湖区马山和平社区		法人代表	张党生
管理人员（人）	4	在编教师（人）	—	聘用人员（人）	20
占地面积（亩）		20	建筑面积（平方米）		8000
年接待能力（人次）	5	宿舍床位数（张）	630	就餐座位数（个）	400
接待对象		小学生	初中生	高中生	其他
近年接待学生数（人次）	2014年	2000	11000	400	—
	2015年	2300	11500	400	—
	2016年	1500	10000	400	—

二、课程设置

基地开设了生命教育、团队建设、德育实践等课程，深受学生喜爱。

无锡市学生综合社会实践马山基地课程设置

序号	领域	模块	项目
1	生命教育	消防	消防灭火演练、火警逃生演练
		救护	止血包扎演练、心肺复苏演练
2	团队建设	拓展训练	鼓动人心、信任背摔、蜘蛛侠（有轨电车）
3	德育实践	美的展示与爱的教育	风采展示、才艺展示、集体生日、感恩教育等

徐 州 市

徐州市教育及实践基地概况

　　徐州教育系统解放思想，开拓创新，大力推进教育现代化建设，积极探索教育综合改革，稳步提升教育教学质量，取得显著成绩。一是党的群众路线教育实践活动深入实施，二是教育事业实现协调发展，三是学校办学条件不断改善，四是教育教学质量稳步提高，五是教育改革不断深化，六是教师队伍建设不断强化，七是教育保障能力明显提升。

　　目前，全市有各级各类学校1855所，在校生178.1万人。其中，幼儿园581所，在园幼儿39.2万人；小学906所，在校生75.4万人；初中242所，在校生21.7万人；普通高中77所，在校生14.2万人；特殊教育学校12所，在校生4591人；中等职业技术学校28所（含2所师范学校），在校生9.3万人；在徐高校9所（不含军事院校），在校生18万人。全市教育系统教职工12.4万人，其中，学前教育26374人、小学37754人、中学42231人、职业技术学校5588人、高等院校11427人、特殊教育559人。

徐州市中小学实践基地

基地名称	基地性质	主管部门
贾汪区青少年素质实践基地	公办	贾汪区教育局

贾汪区青少年素质实践基地

一、基地建设

贾汪区青少年素质实践基地位于"国家级生态镇"青山泉内，占地面积48亩，环境优美，交通便利。现有教学楼一栋、综合实践楼一栋，建设并配套完善了学生公寓、餐厅等教学和生活设施，一次可接待学生400余人。

基地充分利用贾汪地区丰富的自然环境资源和人文乡土资源，突出地方特色和优势，以实践基地为中心建设基地本部，整合大洞山森林公园、潘安湖湿地公园、江庄卧龙泉生态园等，扩建服务项目，打造品牌亮点，把基地建设成为青少年素质提高的学园、活动体验的乐园、生活交流的家园。

基地自2010年4月开营以来，年接待学生3万多人次，累计培训学生约17万多人次，取得了良好的活动效果及经济效益，赢得了良好的社会口碑。基地积极开展公益性活动，支持鼓励孩子们参加社会实践，引领中小学生走进社会，体验生活，拓展能力，促进了徐州市青少年社会实践活动的开展。

基地获得了"2009年度贾汪区创建教育现代化先进单位"称号，成为徐州市科普教育基地，被评为"2011年度教育工作先进单位"、"贾汪区教育系统2014—2015年度先进集体"、"贾汪区2015年度未成年人思想道德建设先进单位"。

▼学生实践活动

贾汪区青少年素质实践基地基本情况

基地地址	徐州市贾汪区青山泉镇工业园		法人代表	李贯东
管理人员(人)	6	在编教师(人) 28	聘用人员(人)	20
占地面积（亩）	48		建筑面积（平方米）	7347
年接待能力（人次）	30000	宿舍床位数（张） 500	就餐座位数（个）	400
接待对象	小学生	初中生	高中生	其他
近年接待学生数（人次） 2014 年	4771	3446	0	0
2015 年	4557	3221	0	0
2016 年	4706	3028	0	0

▲活动现场

二、课程设置

　　基地紧紧把握"体验人生挑战，挖掘成长潜能，砥砺成功人生"的培养目标，开设了拓展训练、手工制作、科普学习、感恩教育、爱国教育等五大类四十多项活动。

贾汪区青少年素质实践基地课程设置

序号	领域	模块	项目
1	生存体验	生活技能训练	豆腐制作、面点制作
		紧急救护训练	心肺复苏急救训练、创作救护技法训练
		手工技艺体验	陶艺制作、石膏彩绘、拓片制作
2	素质拓展	军事训练	队列训练、军事内务、射箭、真人 CS
		体能拓展	高空拓展训练、场地拓展训练、攀岩
		竞技比赛	青少年障碍赛
		文化娱乐	篝火晚会、影视赏析
3	专题教育	传统美德教育	
		民主与法制教育	感恩教育、模拟法庭、禁毒教育室
		毒品预防教育	

常州市

常州市中小学社会实践基地概况

常州市中小学综合实践基地通过多元融合，保障综合实践活动课程目标的实现，让学生通过研究性学习、社会实践与社区服务等，培养独立、持续探究的兴趣，获得丰富的参与研究、社会实践与社区服务的体验，进一步提高发现问题、提出问题和分析问题的能力，掌握基本的实践与服务技能，培养学生分享、尊重与合作的精神，养成实事求是的科学态度，培养服务与奉献意识、社会责任心与使命感。

综合实践活动课程由国家统一制定课程标准和指导纲要，地方教育管理部门根据地方差异加以指导，学校根据相应的课程资源，进行校本开发和实施。"一校一品"的建配理念结合了学校的历史与文化，逐步形成了地域性、传统性、传承性、创新性等校本课程开发特点。未来常州市无论是城市建设还是学校建设，须着重体现密切学生与自然、社会、生活的联系。

殷村职教中心是规划中的常州市未成年人社会实践基地，占地60亩，建筑面积25000平方米。基地将"以文化人"作为基地社会实践活动的名片，利用优质的校外文化艺术素质基地环境与产品服务，通过开放式、体验式活动，体现"玩中学、学中玩"的参与式文化艺术实践优势，将人文知识与人文精神渗透和贯穿到学生的成长、成才的过程中。常州市少年科学艺术宫三期将创建成目前全国独一无二、具有鲜明特点的青少年校外素质教育基地，完善中小学课程改革体系的目标（高中通用技术、初中劳技、小学综合课外实践活动），按功能模块重新划分，努力实现科技做强、艺术做精，全面提升常州市中小学生的创造力、艺术素养。

常州市将秉承传统，实现超越，努力开创勤工俭学新局面，铸就常州中小学综合实践基地建设的灿烂未来。

常州市中小学社会实践基地

基地名称	基地性质	主管部门
常州市金坛中小学生综合实践基地	公办	常州市金坛区教育局
溧阳小铁军社会实践基地	公办／民办	溧阳市文化广电体育局

常州市金坛中小学生综合实践基地

一、基地建设

  常州市金坛中小学生综合实践基地是中央专项彩票公益金支持建设的国家示范性综合实践基地，位于常州市金坛区薛埠镇，地处风景秀丽的茅山风景区，扬溧、沿江高速穿境而过，交通便利。基地由教育部、省文明办和常州市财政共同投资建成，现占地面积168亩，有专职实践教师20人，其他各类辅助职工70多人。目前，基地有综合实践楼、训练场、学生宿舍等，设施配套齐全，能一次性接待1000人开展各类活动，已成为常州市中小学综合实践阵地的新"龙头"。

  基地以"立足常州、辐射全省，省内一流、全国领先"为目标，以"以文化人、特色鲜明"为教育理念，与教育部华中师范大学基础教育课程研究中心合作开发以"五色"文化教育为主题的"LSTS"（生命教育、社区教育、技术教育、科学教育）综合实践课程体系，以"SDET"（To see, To do, To explain, To think）为实践方式，同时依托花山国训中心，整合茅山地区的中共苏皖区一大会址、东方盐湖城、壹号农场等资源，形成了"一体多翼"的整体布局，丰富、发展了综合实践的资源。

▼金坛中小学生综合实践基地全景

▲学生参加军训

　　基地先后被评为"江苏省爱国主义教育基地"、"江苏省学生军事训练先进单位"、"常州市文明单位"、"常州市科普教育基地"。

常州市金坛中小学生综合实践基地基本情况

基地地址	常州市金坛区薛埠镇花山村		法人代表	戴锁庆
管理人员（人）	18	在编教师（人）　9	聘用人员(人)	62
占地面积（亩）	168	建筑面积（平方米）		42380
年接待能力（人次）	120000	宿舍床位数（张）　1140	就餐座位数（个）	1200
接待对象		小学生	初中生	高中生	其他
近年接待学生数（人次）	2014年	1120	30261	60238	9322
	2015年	1025	32384	68160	9111
	2016年	3106	31624	45655	9179

二、课程设置

基地以生命实践、技术实践、科学实践、社会实践为主要领域，每个领域下按色彩分块，从生理健康、动手能力、科学探究等方面全面提升学生的综合素质。

常州市金坛中小学生综合实践基地课程设置

序号	领域	模块	项目
1	生命实践	绿色	心肺复苏、消防体验
2	技术实践	白色	泥塑、刻纸、编织、石膏板画
3	科学实践	蓝色	无人机探究、3D打印技术
4	社会实践	黄色、红色	素质拓展、魔术探究、节粮教育、青少年法治教育

▲学生学习心肺复苏技能

溧阳小铁军社会实践基地

溧阳小铁军社会实践基地，即新四军江南指挥部纪念馆和溧阳市国防园所在地，坐落于江苏省溧阳市竹箦镇水西村。纪念馆馆区占地面积50000平方米，建筑面积10000平方米，其中展厅面积8000平方米，包括新四军江南指挥部旧址、新四军江南指挥部史料展览馆、新四军廉洁思想教育馆、毛泽东像章陈列馆、陈毅元帅诗词将军法书碑廊和纪念广场等六大景点，其中，新四军江南指挥部旧址为全国重点文物保护单位。基地北国防园用地100亩，建有室外训练场、半室内靶场、军事装备及国防教育馆、食堂和宿舍等，集军事训练、国防教育、拓展训练和未成年人实践教育等多功能于一体。

近年来，溧阳小铁军社会实践基地积极响应"百万青少年走进爱国主义教育基地"活动号召，充分发挥宣传作用和教育职能，在做好接待开放和日常管理的基础上，不断推陈出新，举办未成年人思想道德教育项目，逐渐形成自己的特色活动品牌——"水西颂"系列教育活动。自2012年首届活动举办以来，已成功举

▼新四军江南指挥部司令部遗址

▲新四军江南指挥部资料展览馆

办了五届，教育活动内容丰富，包含朗诵、歌咏、灯谜、摄影、影视、读书、植树、演讲、宣讲、授课等多种形式。基地每年举办未成年人特色活动至少8次，活动效果显著。活动也得到了市文明办等上级部门的关心和支持，受到家长们的好评。近几年来，基地新增了未成年人重点推荐项目：《水西保卫战》3D幻影成像、多媒体影视播放厅等，其中影视播放厅能同时容纳100人进行教学、演讲、举办活动等。

基地先后被评为"全国爱国主义教育示范基地"、"全国红色旅游经典景区"、"国家国防教育示范基地"、"国家级抗战纪念设施、遗址"、"国家4A级旅游景区和江苏省廉政教育示范基地"、"江苏省校外德育基地"，基地还是清华大学、南开大学、常州大学、上海海事学院、常州工学院、江苏技术师范学院及溧阳部分中小学的校外实践基地。

溧阳小铁军社会实践基地基本情况

基地地址	溧阳市竹箦镇水西村		法人代表	张燕
管理人员（人）	8	在编教师（人） —	聘用人员（人）	20
占地面积（亩）	175		建筑面积（平方米）	10000
年接待能力（人次）	600000	宿舍床位数（张） 800	就餐座位数（个）	1200
接待对象	小学生	初中生	高中生	其他
近年接待学生数（人次） 2014年	60000	30000	10000	1000
2015年	60000	30000	10000	1000
2016年	80000	30000	10000	1000

▲ "铁军小勇士"夺宝训练营

苏州市中小学社会实践基地概况

苏州市中小学社会实践基地目前有六家，分别是张家港市青少年社会实践基地、常熟市青少年综合实践学校、太仓市中小学社会实践基地、昆山市未成年人素质教育校外实践基地、苏州市吴江区中小学生综合实践中心、吴中区中小学生综合实践学校。

苏州市中小学实践基地

基地名称	基地性质	主管部门
张家港市青少年社会实践基地	公办	张家港市教育局
常熟市青少年综合实践学校	公办	常熟市教育局
太仓市中小学社会实践基地	公办	太仓市教育局
昆山市未成年人素质教育校外实践基地	公办	昆山市教育局
苏州市吴江区中小学生综合实践中心	公办	吴江区教育局
吴中区中小学生综合实践学校	公办	吴中区教育局

六大基地始终遵循"生活即教育，实践出真知"的办学思想，秉承"在劳动中磨炼意志，在体验中接受教育，在活动中提升能力，在探究中尝试创新，在实践中体验成功"的办学理念，按照"立德树人，能力为先，发展为本"的育人思路，依托周边深厚的人文历史底蕴、独特的地方文化资源及丰富的自然资源，积极探索开发符合学生身心发展及未来成长的课程体系，初步形成了生命教育实践、科学技术实践、文化传承实践、专题体验实践等课程实践体系。

目前，六大基地正在教育行政部门及社会各界的支持关心下，朝着"上规模、有特色"的教育实践基地的目标前进，努力成为青少年学生"学有所获的第二课堂，动有所得的理想场所，玩有所乐的成长乐园"。

张家港市青少年社会实践基地

一、基地建设

　　张家港市青少年社会实践基地是张家港市政府 2006 年、2012 年两次重点实施工程，坐落在张家港市最东端的现代农业示范园区，占地面积 456 亩，建筑面积 30000 平方米，建有大型风雨操场、多功能会场及"防震减灾"、"阳光之路"、"模拟法庭"等 20 个主题教育场馆，配备了 3 组学生公寓及能同时容纳 1200 人就餐的食堂。基地现有专任教师 36 人，其中中高级职称教师占 85%，拥有市级以上骨干教师 9 人。

　　自 2008 年 9 月开营以来，先后获得"国家防震减灾科普教育基地"、"全国消防科普教育基地"、"全国科普示范基地"、"中国科协'科技馆活动进校园'试点单位"、"江苏省社科普及示范基地"、"江苏省'省级法治文化建设示范点'"、"张家港市优秀文明单位"等 70 多项荣誉称号。

▼基地全景

张家港市青少年社会实践基地情况

基地地址	张家港市现代农业示范园区通江路2号			法人代表	汤晓松
管理人员（人）	3	在编教师（人）	36	聘用人员（人）	28
占地面积（亩）		456		建筑面积（平方米）	30000
年接待能力（人次）	90000	宿舍床位数（张）	1072	就餐座位数（个）	1130
接待对象		小学生	初中生	高中生	其他
近年接待学生数（人次）	2014年	33534	28008	20241	8000
	2015年	36231	29319	20226	8000
	2016年	38394	29814	21498	8000

二、课程设置

　　基地围绕"特色鲜明、学生欢迎、江苏一流、全国知名"的办学目标，遵循"延伸学校教育，衔接社会教育，实践素质教育"的办学思想，贯彻"让学生经历一

▼学生体验电子射击

次体验，感受一次成功，尝试一次创新"的办学理念，依托独特的江南水乡文化和长江自然资源，自主开发了主题教育、劳动实践、科技活动、素质拓展等四大系列共100多个课程活动项目。初步构建了面向小学、初中、高中三个年级段的综合实践活动课程体系，三本校本教材已由凤凰出版社正式出版。基地还参与起草了江苏省文明办《江苏省未成年人实践基地课程指导意见（试行）》和教育部《全国示范性中小学综合实践基地活动指南（试行）》等。基地不断凸显"共建型运作、开放式课程、长江风文化"的办学特色，努力成为青少年学生学有所得的第二课堂、动有所获的理想场所、玩有所乐的成长乐园。

张家港市青少年社会实践基地课程设置

序号	领域	模块	项目
1		生命教育	模拟庭审、消防教育、防化演练、阳光之路、党史教育
2	高二	劳动实践	农家采用烹饪、飘香粽子、烙画
3		应急救护	止血包扎、担架制作、帐篷搭建
4		素质拓展	百米赛道、电子枪设计、低空拓展、中空拓展、信任背摔、穿越电网
5		科技活动	电子百拼、头脑风暴、奇妙化工、动感电影
6		劳动实践	户外烧烤、飘香馄饨
7	初二	主题教育	团辅——青少年健康人格馆、地形教育——青少年史志馆、防震减灾教育——地震馆
8		素质拓展	趣桥游艺、射箭体验、极限飞盘
9		科技活动	3D打印、奇妙的有机硅、气象观测与模拟播报、定向追踪＋科普馆
10		劳动实践	饼干制作、感恩花艺、包粽子、赛龙舟
11	小五	主题教育	制作美味豆浆，体验多彩中华，观察小动物，参观农耕馆、蔬菜大棚、科普长廊，踩水车，牧业体验、环保袋制作，参观生态教育馆、油菜花海，参观民族馆
12		素质拓展	真人CS、毛毛虫游戏、低空攀岩、拓展游戏

常熟市青少年综合实践学校

一、基地建设

  常熟市青少年综合实践学校（蒋巷基地、沙家浜基地）是常熟市目前规模最大的公益性校外教育机构。

  多年来，学校先后被评为"江苏省科普教育基地"、"江苏省爱国主义教育基地"、"江苏省防震减灾科普教育基地"、"苏州市科普教育基地"、"苏州市未成年人思想道德建设先进集体"等，并在江苏省未成年人社会实践基地运行管理测评中连续两次获得一等奖。

常熟市青少年综合实践学校基本情况

基地地址		江苏省常熟市凯文路1号		法人代表	庄月明
管理人员（人）	3	在编教师（人）	14	聘用人员（人）	36
占地面积（亩）		2138	建筑面积（平方米）		50000
年接待能力（人次）	129818	宿舍床位数（张）	1100	就餐座位数（个）	1200
接待对象		小学生	初中生	高中生	其他
近年接待学生数（人次）	2014年	58366	58742	—	—
	2015年	71412	71387	—	—
	2016年	43479	43459	—	—

▼沙家浜基地

▲青少年实践学校实践课程

二、课程设置

常熟市将蒋巷基地、沙家浜基地有效整合到新建的常熟市青少年活动中心和常熟市科普馆，增设常熟市青少年综合实践学校。学校以"用三原色涂抹基地"为理念，形成了"一个中心，两个基地"的基本格局，开创了"三位一体"的管理模式。

常熟市青少年综合实践学校课程设置

序号	领域	模块	项目
1	道德实践	感受自然	生态园生物考察、动物园观察，采摘植物，参观体验万亩丰产方
		道德礼仪	核心价值观展板、"八礼四仪"践行教育、文明小义工，观看蒋巷创业史影片
		环境教育	生态园物种认识（白鹭的观察、室内资料了解后外出观察）、自然环境考察、绘制蒋巷生态园平面图
		法制教育	交通法规讲座、法制宣传主题展、模拟法庭
		乡土文化	参观常熟主题馆、村史展览馆、江南农家民俗馆

序号	领域	模块	项目
2	生活体验	劳动实践	无土栽培花卉、学农种植、护植操作
		技能培训	豆工坊、野外包煮馄饨、内务整理、蛋糕、饼干制作
		生命教育	消防逃生演练、战地救护、战地包扎、防空防震演练、模拟溺水的抢救、模拟驾校、青苹果之家
3	科学探索	科普教育	参观智慧宫、星海电子园、科普长廊、水科技、天文馆、4D科普影视
		科学探索	科技吉尼斯：纸结构承重、高耸云端、微能风车、极致滑行、动力爬坡、极速旋转
		科技制作	未来工程师：木工也疯狂、冲浪飞机、电子技师、橡筋动力直升机、放飞梦想、弹射飞
		科技应用	3D打印、神笔马良、模拟驾驶
		奇思妙想	科普立体画、智力七巧板、剪纸艺术、折纸艺术、布贴画、中国结、创想脸谱、金属丝艺术、沙雕乐园
		科技创新	金点子征集、科学小论文、创新小发明
4	军事拓展	户外拓展	礼让通行、阳光伙伴多人行、勇攀高峰、穿越A4、不倒森林、挑战NO.1、同心鼓、毕业墙
		国防教育	入营教育、队列训练，参观国防教育主题馆，观看主题教育实景剧，"我是特种兵"、军事沙盘制作、军事定向闯关、野外彩弹射击、真人CS、告别军旗
5	文化传承	地方特色	学唱京剧《沙家浜》,常熟花边、常熟老街印象、考古常熟
		才艺展示	篝火晚会、文艺联欢、主题晚会、营刊出版

太仓市中小学社会实践基地

一、基地建设

太仓市中小学社会实践基地创办于 2002 年 8 月，是我省创办最早的实践基地之一，是一所集主题教育、社会实践、生存体验、科学探究和素质拓展为一体的多功能综合性社会实践基地。

太仓市中小学社会实践基地基本情况

基地地址	太仓市浮桥镇时思区甘林路 1 号		法人代表	朱宏斌
管理人员（人）	1	在编教师（人）	6	聘用人员（人）	10
占地面积（亩）	102.26		建筑面积（平方米）	12000
年接待能力（人次）	45600	宿舍床位数（张）	452	就餐座位数（个）	480
接待对象	小学生	初中生	高中生	其他
近年接待学生数（人次） 2014 年	3600	21000	9200	—
2015 年	1100	780	9300	
2016 年	0	0	9250	—

▼射击课

▲无线电测向

二、课程设置

　　基地遵循"动手实践、拓展视野、尝试创新、体验成功"的宗旨，"在探究中尝试创新，在实践中体验成功"的办学思路，依托周边深厚的人文历史底蕴、独特的江南水乡文化和丰富的长江自然资源，初步形成了"生命教育实践、科学技术实践、太仓生活实践、生态农牧实践"富有自身特色的社会实践课程体系。

太仓市中小学社会实践基地课程设置

序号	领域	模块	项目
1	生命教育实践	生命与自我、生命与自然、生命与社会	生命教育馆、法制教育馆、生活教育馆、心理教育体验园、廉洁主题园
2	科学技术实践	机械设计、电子设计、工程设计	科普教育馆、电子科技设计工作坊、土木工程建造工作坊、创意科技设计工作坊
3	太仓生活实践	历史文化、社区生活、职业技能	手工艺制作室、烘焙体验坊
4	生态农牧实践	农牧体验、农业科技、农业经济	环境生态实验园、农牧劳动实践园、民俗民风馆

昆山市未成年人素质教育校外实践基地

一、基地建设

　　昆山市未成年人素质教育校外实践基地位于景色秀丽的昆山国家级农业示范区，自然环境优美，教育资源丰富，具有良好的区位优势和广阔的活动空间。基地占地面积近100亩，规划总投资1.5亿元，现有建筑面积21000平方米，办学设施先进，功能完备。

昆山市未成年人素质教育校外实践基地情况

基地地址	昆山市千灯镇南浦东路		法人代表	唐惠林
管理人员（人）	5	在编教师（人）　14	聘用人员（人）	44
占地面积（亩）	83.7	建筑面积（平方米）		21000
年接待能力（人次）	120000	宿舍床位数（张）　640	就餐座位数（个）	640
接待对象	小学生	初中生	高中生	其他
近年接待学生数（人次） 2014年	37500	30300	15000	800
2015年	44100	33000	15000	1000
2016年	49500	35100	15000	900

　　基地始终遵循"生活即教育，实践出真知"的办学思想，贯彻"顺素质之升，应未来之需"的办学理念，塑造"求实、创新"的校风，打造"厚德、精艺"的教风，培养"自强、践行"的学风。近年来，基地按照"立德树人，能力

▲学生观看传统艺术

为先，发展为本"的育人思路，积极探索切合素质教育的理念，适合基地自身发展的办学模式，大力开展符合学生生理、心理特点的社会实践活动。

基地确立了部队教官、带队教师、指导教师"三位一体，五人管理学生"的管理模式；形成了以本校活动为主，辅以农业生态园和古镇文化、乡土文化体验的"一体两翼"的活动格局；建立了农业与科技（国家级农业示范区）、劳技与生活（昆山人家）、生命与法治（主题教育中心）、水乡与文化（千灯古镇）为一体的综合课程体系；凸现了教育活动公益性、后勤管理服务性、课程开发地方性和学生管理半军事化的"三性一化"的办学特色。

▲基地面貌

二、课程设置

基地设有实践课程、军事训练、生活体验、体能拓展、主题教育、种植养殖六大活动区域；建有大型风雨操场、多功能会场、主题教育场馆、素质教育培训大楼、昆山人家，以及相配套的师生宿舍和食堂等。基地属公益一类全民事业单位，对学生实行免费实践教学。

昆山市未成年人素质教育校外实践基地课程设置

序号	领域	模块	项目
1	亲近自然	感受自然	走进生态园，认识园艺植物，游鳄鱼谷，制放风筝
		种植体验	立体水培植物
		环境教育	绿色家园
2	社会实践	法制教育	参加禁毒讲座、法制电影、法制主题文艺晚会
		国防教育	学军人、军事训练、人防专题讲座、打靶
		乡土文化	千灯古镇之旅，感受"民间博物馆"风采
			参观"贞丰街十二坊"，认识草编
3	生存体验	劳动实践	摘菜苔，制陶，制扇，彩泥画，挖红薯、土豆
		技能培训	包馄饨、饺子，家政训练
			红十字救护训练、自行车拆装
		生命教育	火速小先锋、防灾减灾主题活动、平安之路心理讲堂（生命中的一缕阳光、活出生命的色彩）
		户外拓展	攀岩、真人CS、勇敢者之路
4	科学探究	科普教育	气象万千、大地的颤动、健康与成长、生活与健康
		科学考察	参观昆山国家级农业示范区
		科学探索	无线电测向、力声光电现象探究、立体创构
		科学制作	3D设计与打印、舰模制作、电子拼装、太阳能风车

苏州市吴江区中小学生综合实践中心

一、基地建设

吴江区中小学生综合实践中心前身为吴江中小学素质教育培训中心。2011年，中心在吴江区委、区政府的关心指导下，在区教育局的领导下，规划新建并更名为苏州市吴江区中小学生综合实践中心。新中心坐落在太湖新城吴江区训练基地北侧，校园内建有六区一园。

▲中心面貌

新中心以科学发展观为指导，一方面紧紧依托吴江区训练基地，充分利用训练基地的优质教育资源，更好地在全区学生中开展国防教育；另一方面根据新课程实施要求，在三个学段学生中积极认真组织开展各类综合实践活动，融国防教育、生活与生存教育、劳动和劳技教育、素质拓展训练于一体，使学生学会生存，学会生活，学会劳动，学会合作，提高学生的生存生活能力和综合素质。

▲学生活动

苏州市吴江区中小学生综合实践中心基本情况

基地地址	苏州市吴江区松陵镇菀坪王焰村12组		法人代表	沈新元
管理人员（人）	7	在编教师（人）　　2	聘用人员（人）	5
占地面积（亩）		117	建筑面积（平方米）	3054.5
年接待能力（人次）	20000	宿舍床位数（张）　545	就餐座位数（个）	520
接待对象		小学生	初中生　　　高中生	其他
近年接待学生数（人次）	2014年	8034	8088　　　　2320	—
	2015年	8804	8140　　　　2400	—
	2016年	9701	8407　　　　2450	—

▲学生活动

二、课程设置

近年来，新中心的建设与管理日趋规范，教育效益日趋扩大，大大促进了学生整体素质的提高与发展。在区教育局引领下，一所充满生机和活力的学校正以昂扬的斗志、崭新的姿态和雄健的步伐，朝着"上规模、有特色"的教育实践基地的目标阔步前进。新中心成为青少年学生"学有所获的第二课堂，动有所得的理想场所，玩有所乐的成长乐园"。

苏州市吴江区中小学生综合实践中心课程设置

序号	领域	模块	项目
1	生命实践	–	生活体验、紧急救护、三防演练等
2	科学实践	–	机器人拼装、无线电测向、多米诺骨牌等
3	技术实践	–	剪纸、油画等
4	专题教育	–	心理讲座、国防讲座、安全讲座等

吴中区中小学生综合实践学校

一、基地建设

  吴中区中小学生综合实践学校是吴中区人民政府贯彻中共中央文件的要求而建设的，学校本部占地25亩，有12个主题教育室和学生公寓等设施。

吴中区中小学生综合实践学校基本情况

基地地址	苏州市吴中区金庭镇镇夏街60号		法人代表	曹明刚
管理人员(人)	7	在编教师（人）　　20	聘用人员（人）	24
占地面积（亩）		200	建筑面积（平方米）	10000
年接待能力（人次）	50000	宿舍床位数（张）　500	就餐座位数（个）	500
接待对象		小学生	初中生　　高中生	其他
近年接待学生数（人次）	2014 年	17222	15028	6000
	2015 年	18156	15578	5000
	2016 年	19526	13332	4000

▼学生拓训活动

▲学生体验"耕种"

二、课程设置

学校利用西山风景区特有的自然和人文资源，"立足本部，辐射周边"，开发综合实践活动课程。

苏州市吴中区中小学生综合实践学校课程设置

序号	领域	模块	项目
1	生命安全	交通安全教育	学会走路：交通知识竞赛、交通标志、交通棋、模型组装、模拟驾驶
			交通事故视频、交通知识讲座
		消防安全教育	消防科普知识、虚拟灭火体验、认识消防器材、实操灭火器灭火、消防水带收放、结绳自救
			滑竿逃生、楼道逃生、绳结逃生、消防标志
		防震减灾教育	认识地球、地震成因分析、地震仪、知识竞赛、地震小屋体验、认识海啸
			认识核辐射，认识飓风
2	人格与健康	人生教育	理想信念、遵纪守法、廉洁自律、诚实守信、尊敬师长、珍爱生命、时政教育
		法制教育	依法治国、法制与道德、模拟法庭、法制讲座（讲堂）、法制与生活

序号	领域	模块	项目
		防范教育	认识黄、赌、毒，法律保护、智慧保护，禁毒教育——走进戒毒所，"6·10"反邪教教育
2	人格与健康	健康教育	认识自己、生理健康、心理健康、健康讲座、心理宣泄室
			心理疏导
		团队破冰	队列训练、快乐热身操、动感兔子舞
		团队拓展	动感颠球、移动高尔夫、毕业墙、疯狂履带、驿站传书、CS镭战、抢滩登陆、勇往直前、龙飞凤舞、众志成城、解手链、交通堵塞、信任背摔、穿越电网、生死雷阵、雷阵取水、孤岛求生、携手并进、团队梅花桩、高空断桥、高空抓杠、合作天梯、高空蜘蛛网、攀岩、相依共存、七巧板、齐眉棍、不倒森林、滚铁环、赶野猪、绳网、高空飞人、跷跷板、独木桥、盲人方阵、极速60秒、终极目标、大脚板、两人三足
3	生存与拓展	生存技能	小小家政员、内务整理，包馄饨，包饺子，野炊，了解生活中的应急电话
		红十字急救	包扎：绷带包扎法、环形包扎法、螺旋形包扎法、反折包扎法、8字形包扎法、三角巾包扎法、手部包扎、足部包扎、头部包扎法
			止血：抬高伤肢法、加压包扎法、指压止血法、止血带止血法
			骨折固定：三角巾固定法、夹板固定法
			心肺复苏：人工呼吸、胸外按压
			伤员的搬运：扶持法、抱扶法、拖椅式搬运法、卧式三人搬运法
			开放性软组织损伤救护：擦伤、撕裂伤、刺伤和切伤等救护
			闭合性软组织损伤救护：挫伤、肌肉肌腱拉伤、关节韧带扭伤等救护

序号	领域	模块	项目
4	农耕与劳动技术	农耕教育	学农识农、了解农耕与劳动技术、体验小小农艺师
		劳动技术	DIY陶艺、卡通小香皂，体验五金加工、纸陶工艺，参观艺术昆虫角、蜡艺志趣园
5	科普教育	智力风暴	鲁班锁、智力拼图、电子拼图、多米诺
		科普实验	光学类：动物视角——鱼、动物视角——昆虫、动物视角——鸟、同自己握手、幻影成像——看得见摸不着
			力学类：涡旋、风洞、伯努利系列——悬浮球、伯努利系列——吸盘、有趣的空气泡
			电与磁类：模拟粒子加速器、太阳能发电、体能发电
			声学类：共振环、看得见的声波
			数学类：最速降线、滚出直线来、勾股定理
		环境保护	环保教育片、环保倡议书、环保志愿者签名、垃圾分类游戏、水污染与防治、土壤污染与防治
		4D动感电影欣赏	噪声污染与防治、环境测量、保护母亲湖——太湖、小小气象站、新能源
		数字实验	臭氧层的破坏、核技术、火箭、机器人探秘、基因技术、加密狗驱动
			气体毒性分类研究：酸雨、人造地球卫星、物质结构、相对论、信息技术
6	乡土文化教育	魅力吴中	山水吴中、人文吴中、风物吴中
		碧螺春茶文化研究	采茶、择茶、炒茶、品茶、茶文化、茶与生活
		石文化研究	石的种类、认识太湖石、石艺与生活、石文化

南 通 市

南通市中小学社会实践基地概况

崇文尚教、儒雅传承的历史积淀，自强不息、厚德载物的人文精神，引领南通教育锐意进取，开拓创新，形成了完善的基础教育、职业教育、高等教育和继续教育体系。南通市着力完善中考成绩的评价模式，着力落实课堂教学、实验实践课程、课外活动和校园文化三位一体的教学机制；统筹推进城乡义务教育均衡发展，实施学校集团化办学、结对共建等多种形式联合办学；积极推进教育领域综合改革，集成区域综合教育资源，构建学校教育与社会教育、专题活动，以及乡土文化教育的无缝通道，形成了中小学生综合实践基地、实训基地、校外德育教育基地、社区教育、家长学校等组成的立体教育网络，进一步增强教育服务能力。

南通市通过大力推进学生素质教育实践基地建设，科学完善学生综合实践活动管理机制，为广大中小学校实施社会实践活动课程提供优质公共服务。目前，我市已建成四大中小学素质教育实践基地：南通市中小学生素质教育实践基地、长江青少年素质教育实践基地、崇川区"江海绿洲"实践教育基地、海门市中小学素质教育实践基地。

南通市中小学社会实践基地

基地名称	基地性质	主管部门
南通市中小学生素质教育实践基地	公办	如东县教育局
长江青少年素质教育实践基地	民办	如皋市教育局
崇川区"江海绿洲"社会实践教育基地	公办	崇川区教育体育局
海门市中小学素质教育实践基地	公办／民办	海门市教育局

南通市中小学生素质教育实践基地

一、基地建设

江苏省南通市中小学生素质教育实践基地始建于 2001 年，2006 年易地新建，现位于如东小洋口旅游度假区，是南通市教育局与如东县人民政府合作共建的一所公办基地，规划 965 亩，基地目前已完成 465 亩，在省内属规模大、队伍强、设施全、运行佳的基地，全国知名。

南通市中小学生素质教育实践基地基本情况

基地地址	江苏省如东小洋口旅游度假区金蛤大道			法人代表	潘卫成
管理人员（人）	12	在编教师(人)	37	聘用人员（人）	61
占地面积（亩）	465		建筑面积（平方米）		80000
年接待能力（人次）	350000	宿舍床位数（张）	2452	就餐座位数（个）	2000
接待对象		小学生	初中生	高中生	其他
近年接待学生数（人次）	2014 年	—	76830	145334	—
	2015 年	25770	50666	151582	—
	2016 年	29642	60829	137800	—

▼基地风景图

▲海边活动

基地可满足 2500 名师生同时活动及食宿。开办 16 年来基地公益化接待未成年人 300 多万人，深受师生、家长及社会的肯定，先后荣获"国家环保科普基地"、"全国科普教育基地"、"全国青少年道德培养实验基地"、"国家级学校安全教育示范基地"、"省文明单位"、"省教育系统先进集体"等数十项荣誉称号，已成为南通教育的一张靓丽名片。

二、课程设置

基地以"勇担责任，实践创新"为己任，面向广大青少年设置了思想道德、环境生态、科普劳技、生命生存、国防民防五大课程领域，包括十二个系列，200 多个活动项目。

南通市中小学生素质教育实践基地课程设置

序号	领域	模块	项目
1	思想道德	道德礼仪	廉洁诚信、八礼四仪、感恩教育、爱国教育、情景剧编演、中华经典诵读
		法纪法规	禁毒教育、交通法规、消费维权、节水教育、税法文化、反邪教教育、模拟法庭、法治文化
		融入社会	职业实习、社区义工、敬老行动、爱幼行动、名人专访、提案征集、国家海洋战略、"一带一路"、江苏省情、洋口港建设、南通民俗
2	环境生态	生态保护	观鸟育鸟、环保教育、渔港考察、滩涂探秘、物种探究、湿地保护、环境督查、卫士行动、环指探究、经济与环境
		绿色能源	沼气探究、能量转化实验、潮汐发电、秸秆发电、风力发电、LNG 产业链调查、植树造林

序号	领域	模块	项目
3	生命生存	心理拓展	众志成城、解手链、盲人布阵、孤岛求生、信任之旅、木牛流马、有轨电车、雷阵、狭路相逢、雷区取水、团队梅花桩、挑战NO.1、穿越电网、三维电网、携手并进、攀岩运动、抱石运动、高空滑索、软梯、空中断桥、巨人梯、彩虹桥、勇往直前、横渡速降、勇攀珠峰、深井救援、绝壁逢生、缘分天空、高空绳网、高空抓杠、轮胎攀岩、毕业墙、合力过桥、泸定桥、缅甸桥、信任背摔、秋千桥、吊环桥、搭板过桥、驿站传书、七色魔板、齐眉棍、云梯、海浪桥、极速60秒、智过沼泽地、神笔马良、心灵之约、生命安全教育、心理测试、心理咨询、心理辅导
		趣味活动	托起梦想、大风吹、支援队长、财富明天、Running Man、拥挤公交、残运会、袋鼠跳、波比足球、雷霆战鼓、毛毛虫、多米诺骨牌、绑腿跑、动感五环、车轮滚滚、运转乾坤、快乐偶人、人桥接力、众星捧月、袋鼠运瓜、飞镖射箭、民间文体、相扑士、绑腿跑、赛龙舟、水上滚筒、水上步、行球、水上自行车、皮划艇、趣味钓鱼、篝火晚会、班级风采展示、文娱晚会
		生存技能	自救互救、搭建帐篷、搭桥过河、生存演练、绳扣技艺、扎筏泅渡、生火取水、野炊野营、野外防身、百米定向、定向越野
4	科普劳技	劳技实践	风筝制作、贝壳工艺、金工木工、纸藤花艺、叶脉书签、海韵陶艺、灯笼制作、布偶制作、插花艺术、布贴画、竹编工艺、草编工艺、丝网花艺、刺绣达人、家政理财、家政烹饪、趣味烧烤、感恩水饺、农艺园艺、艺术摄影、南通特产、走近裁缝、内务整理、果实采摘、农田劳作、园艺栽培、模拟驾驶、电脑装配、绿色网吧
		科普教育	航模制作、工程搭建、海水探秘、电子百拼、橡筋飞机、扑翼鸟、无人机操作、无人机图传、创客之家、碱土改良、基因技术、遥感技术、纳米技术、互联网+3D打印、能量无线传输
5	国防民防	国防教育	队列训练、集合行军、学唱军歌、擒敌技能、防空演练、防化演练、防核演练、打背包、走近兵器、台海形势、南海形势、东海形势、国防与外交、国家安全、激光打靶、CS镭战、会操比赛
		民防培训	民防通识、穿防化服、防震演练、疏散逃生、消防演练、救护讲座、救护实操、安全结艺、知识竞赛、防台防洪

长江青少年素质教育实践基地

一、基地建设

南通市长江青少年素质教育实践基地位于景色秀丽的江苏省如皋市长青沙岛风景区，占地面积682亩，规划建筑面积12万平方米（现有建筑面积50505平方米）。基地于2011年1月开始创建，2013年5月开始运行，现已成功接待了近百万人次的军训和综合实践活动。

基地坚持"研究先于决策，服务大于领导，协调多于控制，观念重于方法"的管理理念，形成以"落实目标责任"为核心，以"规范管理、目标管理、民主管理、制度管理"为主要内容，以"科学、民主、高效、和谐"为基本特征的管理办法，探索并建立了绩效考核体系、安全防范体系、质量提升体系、市场服务体系、后勤保障体系和队伍成长体系，实现基地管理的科学化和民主化，保障了综合实践活动安全高效地进行。

基地先后荣获"全国未成年人思想道德建设工作先进单位"、"江苏省生态文明教育基地"、"江苏省科普教育基地"、"江苏省对台交流基地"等荣誉称号。在2014年和2016年江苏省文明办对全省基地的测评中，长江基地均荣获一等奖。

▼基地面貌

长江青少年素质教育实践基地基本情况

基地地址	如皋市长江镇环岛东路199号		法人代表	全国华
管理人员（人）	10	在编教师（人）26	聘用人员（人）	44
占地面积（亩）		682	建筑面积（平方米）	50505
年接待能力（人次）	200000	宿舍床位数（张）2000	就餐座位数（个）	1600
接待对象		小学生	初中生 高中生	其他
近年接待学生数（人次）	2014年	181000	– –	–
	2015年	133000	– –	–
	2016年	102000	– –	–

二、课程设置

创办四年来，基地已成功开展近100万名学生的军训和综合实践活动，受到社会各界的广泛好评。此外，基地还成功承办了"第五届江苏省少儿合唱比赛"、

▼户外拓展

"第六届宋庆龄基金会国际青少年交流营南通营"及"2016华裔青少年'寻根之旅'夏令营"等大型活动。

长江青少年素质教育实践基地课程设置

序号	领域	模块	项目
1	科学实践	科技制作	软陶、我是小电工、手工蜡烛、电子百拼
		科普体验	科普知识巡展
2	生存体验	安全教育	防灾减灾演练、急救技术
		劳动实践	农家菜（1）、农家菜（2）
		手工制作	丝网花制作
3	素质拓展	户外拓展	闯关少年派、我是特种兵、雷区取水、智者联盟、勇者无敌、水上超越、远足拉练、团队浮桥
		才艺展示	文艺联欢
		心理辅导	多米诺探索
4	专题教育	环境教育	走进动物世界
		军事训练	队列
		民族民俗文化教育	凿喜笺、礼仪教育

崇川区"江海绿洲"社会实践教育基地

一、基地建设

2010年崇川区委区政府启动了崇川区中小学生社区实践教育活动工程，倾力打造了崇川区社区实践教育活动第二课堂。2011年筹建了"江海绿洲"社会实践教育基地。

"江海绿洲"社会实践教育基地位于南通园艺博览园内，建筑面积10000平方米，分为宿舍区、教学区和活动区三大区域。

教学活动大楼共三层，一楼是学生餐厅和活动大厅，二楼是实践活动区域，有皮影剪纸、篆刻、航模、汽车模拟驾驶、电子射击、多米诺骨牌、数码摄影等专用活动室和一个公共展示厅，另外还设有一个可容纳400人的会议厅。三楼是主题活动场馆区域，目前设有中国邮票馆、民防教育馆、红十字活动馆及南通风筝馆四个主题活动馆。室外活动场地充分利用园博园的环境资源，在不破坏观赏

▼基地面貌

景观的前提下开设项目活动区，主要设有射箭区、军事野炊区、军事野战区、军事露营区、军事拓展区、航模放飞区等。

基地先后被评为"全国青少年农业科普教育基地"、"全国青少年生态文明教育基地"、"江苏省科普教育基地"、"江苏省青少年环保实践基地"、"南通市社会科学普及示范基地"、"南通市未成年人思想道德建设示范基地"、"崇川区科技教育创新百千万工程活动基地"、"崇川区中小学生德育基地"、"2015—2017 年度省级社会科学普及示范基地"。

崇川区"江海绿洲"社会实践教育基地基本情况

基地地址	江苏省南通市临港路 18 号		法人代表	司新民
管理人员（人）	5	在编教师（人） 7	聘用人员（人）	38
占地面积（亩）	48.5		建筑面积（平方米）	10000
年接待能力（人次）	40000	宿舍床位数（张） 400	就餐座位数（个）	500
接待对象	小学生	初中生	高中生	其他
近年接待学生数（人次） 2014 年	24320	14000	–	–
2015 年	26695	12000	–	–
2016 年	25320	11000	–	–

二、课程设置

基地筹划设置以下几方面课程："感悟张謇"文化综合课程、"博物馆"文化综合课程、实践体验课程、"山水"文化综合课程、"生存"文化综合课程、"农林"文化综合课程、"民俗"文化综合课程、"拓展"训练综合课程。

▲ 开营仪式

崇川区"江海绿洲"社会实践教育基地课程设置

序号	领域	模块	项目
1	非物质文化遗产	崇川历史	风筝制作、陶艺制作
		文化探究	汉服射礼
2	技能训练	手工技能	多米诺骨牌、皮影剪纸
		生存技能	野炊、渔家乐
		体能拓展	信任背摔、生死电网
3	科普教育	科技	魔方世界、起重机器人、模拟驾驶
		紧急救护训练	民防与救护
4	素质训练	军事拓展	彩弹射击、军事野战、户外拓展

海门市中小学素质教育实践基地

一、基地建设

"十三五"时期，海门积极践行创新、协调、绿色、开放、共享等五大理念，瞄准教育质量更好、成长路径更宽、教师素质更强、学校布局更优、办学品质更高等五大目标，不断完善教育治理、教师发展、学生培养、终身教育、助学保障等五大体系，重点实施优化学校布局，提升基础装备，推进智慧教育，研发卓越课程，培育健美生命等五大工程，率先建成"江苏省教育现代化示范市"，努力办好"人民满意、师生幸福的现代化教育"。

海门市中小学素质教育实践基地位于海门南郊沿江风光带上，南临长江，西接南通城区。基地总占地 350 亩左右，其中水面面积 60 亩左右，成龄树木上万棵，它以农村田园、湖光山色和古朴民居为载体，融江海风情和民俗文化为一体，展现出它恬淡的自然美——清新的田野风光。

实践基地园门造型是典型的江南园林风格，门牌上苍劲有力、飘逸洒脱的"江海风情园"五个大字，是我国著名社会学家、全国人大常委会原副委员长费孝通

▼基地风景

先生题写。大门东南边的湖为謇湖，湖边西侧为张公堤，该堤是以清末状元张謇先生的姓名命名。通东老宅（海门老街）是海门众多集镇老街的缩影。五谷塔的造型为六边形的五层宝塔式阁楼，寓意为风调雨顺、国泰民安，有"海门第一塔"的美称。江海民俗文化博物馆，其大门前的对联是书法家陈汉飚先生题写，"宅蕴古秀天工开物先贤启智，门聚大江风樯向海后世长泽"，该建筑为典型的江海传统民居。

海门市中小学素质教育实践基地基本情况

基地地址		海门市广州路 518 号		法人代表	黄勇
管理人员（人）	3	在编教师（人）	6	聘用人员（人）	17
占地面积（亩）		350	建筑面积（平方米）		142000
年接待能力（人次）	50000	宿舍床位数（张）	840	就餐座位数（个）	450
接待对象		小学生	初中生	高中生	其他
近年接待学生数（人次）	2014 年	3100	2700	—	1300
	2015 年	1150	800	—	1200
	2016 年	400	—		4300

二、课程设置

基地创设了非物质文化遗产、科普教育、素质训练、技能训练等领域的课程。

海门市中小学素质教育实践基地课程设置

序号	领域	模块	项目
1	非物质文化遗产展	海门历史、文化、农业	农渔业生产、蓝印花布等
2	科普教育	禁毒、科技	禁毒、国防、科技、心理教育
3	素质训练	野外拓展	攀爬、过独木桥、体能训练
4	技能训练	手工技能	风筝、编织带、自主编织

连 云 港 市

连云港市中小学社会实践基地概况

连云港市实践基地建设全力实施"一二三四工程",咬定一个"苏北领先、沿海龙头"目标,坚持软、硬件建设"两手抓"策略,突出课程、队伍、管理"三个核心要素",落实建基地、建队伍、建课程、建制度、出经验、出典型、出成果、出效益的"四建四出"工作举措,整合各类资源、凸显区域特色,倾力打造七个实践基地。

全市实践基地建设按照连云港市《关于加强中小学素质教育实践基地建设和管理的实施意见》和《中小学素质教育实践基地建设规划》序时推进。近年来,全市为基地建设累计投入近2亿元,建有馆室102个,室外实践区42个。基地依据连云港市《中小学素质教育实践基地实践活动实施方案》,按照"一条硬杠、三大思路、三个层次"构建了包括四个领域、二十余个模块、一百余个项目的课程体系,打造了市级优秀课程四十个。

连云港市中小学社会实践基地

基地名称	基地性质	主管部门
江苏省连云港未成年人社会实践基地	公办	连云港市连云区教育局
赣榆区中小学素质教育实践基地	公办	连云港市赣榆区教育局
海州区素质教育中心	公办	连云港市海州区教育局
灌云县小学素质教育实践基地	公办	灌云县教育局
灌云县中学生社会实践基地	公办	灌云县教育局
东海县中小学素质教育实践基地	公办	东海县教育局
灌南县中小学素质教育基地	公办	灌南县教育局

基地师训工作贯彻实施"一二三四"工程，活动教学一项比赛，案例、论文两项评比，省、市、校三级培训；开展基地教研共同体教学研讨活动常态化，每年举办优秀课程观摩，有力促进基地教师教学素养的提高、教学能力的提升。

全市基地集中组织学生开展实践活动，并将学生在基地活动的表现纳入高中段学校招生考试综合素质评价体系中。全市每年接待学生40余万人次，每年举办一届素质教育实践活动成果展示，为实现从学校走入社会、从课堂走进生活、从书本走向实践的愿景，搭建了一个实实在在的有效平台。

江苏省连云港未成年人社会实践基地

一、基地建设

江苏省连云港未成年人社会实践基地位于山清水秀、素有"世外桃源"美誉的宿城风景区，占地110亩，建筑面积40000多平方米，可同时接纳800名营员食宿和实践活动。

基地充分依托"山、海、军、盐、核"等自然资源和社会教育资源，构建了包含6大领域51个活动项目课程体系；充分利用社会资源，先后建成了"国家级防震减灾科普馆"、"淮盐文化馆"、"核电科普馆"、"青春期健康教育馆"、"民防教育馆"、"自救自护教育馆"、"茶道茶艺文化馆"、"交通安全馆"、"消防安全体验馆"等主题教育馆。

基地立足连云港市区，面向全市，辐射陇海沿线省市。自2000年创办以来，共接待省内外中小学生近700期45万多人次，受到了社会各界的一致好评，取得了良好的社会效益。曾先后被评为"江苏省中小学生素质教育示范基地"、"江苏省青少年校外活动示范基地"、"江苏省青少年自护教育基地"、"国家防震

▼学生参观淮盐教育馆

▲学生学习茶艺茶道

减灾科普教育基地"、"江苏省科普教育基地"、"全国科普教育基地"、"江苏省国家生态文明教育基地"、"连云港市红领巾体验教育实践基地"、"连云港市优秀教育基地"。

基地结合基础教育课程改革的实际，综合进行劳动和生产技术知识教育、科普和技术创新教育、生命和生存教育、国防军事教育、环保教育等，是具有江苏省特色，集前瞻性、实验性、示范性为一体的素质教育基地。

江苏省连云港未成年人社会实践基地基本情况

基地地址	连云港市连云区宿城桃源路 1 号		法人代表	程卫东
管理人员(人)	6	在编教师(人) 24	聘用人员(人)	30
占地面积（亩）	110		建筑面积（平方米）	40000
年接待能力（人次）	75000	宿舍床位数（张） 800	就餐座位数（个）	1200
接待对象	小学生	初中生	高中生	其他
近年接待学生数（人次） 2014 年	8000	40000	6500	10500
2015 年	9000	42000	6500	12500
2016 年	8500	39000	7000	11200

二、课程设置

基地依据中小学的课外实践需要，设计了以四大领域为主的课程体系。

江苏省连云港未成年人社会实践基地课程设置

序号	领域	模块	项目
1	生存体验	生活技能训练	烹饪、包饺子、自行车修理、模拟驾驶、采茶制茶、露营野炊
		紧急救护训练	心肺复苏、创伤救护
		防灾消灾演练	消防演练、地震逃生演练
		手工工艺	贝壳制作、石膏铸模彩绘、渔网编织
		农业劳动	花卉栽培、农具认识、农耕种植
		体能拓展	攀岩、远足拉练
		趣味游戏	多米诺骨牌、挑战150、龙行天下、动感巅峰
		文化娱乐	才艺展示、影视赏析、篝火晚会、名曲欣赏
2	素质拓展	军事训练	队列训练、参观军营、军事内务、军事竞技、真人CS、彩弹射击、军体拳、旗语训练
		体能训练	高空拓展训练、中低空拓展训练、水上拓展训练
		文化娱乐	茶艺茶道、棋艺竞技
3	科学实践	科学研究	植物识别、植物生态考察、植物组织培养
		技术与设计	无线电测向、水火箭
4	专题教育	国情省情教育	升旗仪式、淮盐文化教育
		国防教育	国防教育讲座
		传统美德教育	礼仪教育
		民主与法制教育	模拟法庭
		心理健康教育	青春期心理健康教育

赣榆区中小学素质教育实践基地

一、基地建设

赣榆区中小学素质教育实践基地地处赣榆区石桥镇，东临黄海，南接抗日山，西倚泊船山，北靠绣针河。风景秀丽，社会和人文教育资源丰富。基地于 2011 年 10 月 12 日正式揭牌运营，每期可接待 800 余名师生，年接待量达 12 万人次。

基地推行"无围墙"教育，实践活动社会化、品德教育立体化、资源利用综合化，与区内各部委办局及"中国抗日第一山"、石桥果蔬生态园、泊船山生态园与徐福祠、柘汪临港产业区等单位联合，打造"素质教育实践活动共同体"。以素质教育基地为龙头，指导和引领全区中小学素质教育实践场所发展，打造全方位实践活动平台。

基地目前有专任教师 26 人，外聘兼职教师 15 人、教官 12 人。专任教师中，高级教师 6 人，一级教师 20 人，另有一位教师被评为省"特级教师"。

▼学生参加拓展训练

基地立足素质教育，践行"生活即教育"的理念，取得了长足发展。自2012年起连年被评为连云港市"优秀素质教育实践基地"，连年获赣榆区目标考核优秀奖；研发实施了54门基地课程，其中9门被评为市"素质教育基地优秀课程"，2015年先后被评为省"社科普及示范基地"和市"社科普及示范基地"，2016年被评为省"旅游研学示范基地"和市"教育工作先进集体"。基地先后被命名为"赣榆区党员干部培训基地"、"青春健康教育基地"、"红十字会救护培训基地"、"巾帼园丁素质提升示范基地"等。

赣榆区中小学素质教育实践基地基本情况

基地地址		连云港市赣榆区石桥镇		法人代表	王长全
管理人员（人）	5	在编教师（人）	22	聘用人员（人）	15
占地面积（亩）		120	建筑面积（平方米）		13000
年接待能力（人次）	120000	宿舍床位数（张）	960	就餐座位数（个）	860
接待对象		小学生	初中生	高中生	其他
近年接待学生数（人次）	2014年	8760	62935	7000	150
	2015年	11000	62000	15000	300
	2016年	11750	64300	12000	650

二、课程设置

基地开设了国防教育、民俗文化、体能拓展、科学探究等方面的课程。

▼基地全景

赣榆区中小学素质教育实践基地课程设置

序号	领域	模块	项目
1	专题教育	传统美德	文明礼仪、保健按摩
		法制教育	少年模拟法庭
		国防教育	防空防护演练
		民俗文化	风筝制作、中国结工艺、布贴工艺、刻纸工艺、棋艺
		健康教育	心理咨询与辅导、青春健康教育
2	拓展训练	军事训练	队列训练、军事内务、军事障碍组合、模拟射击、真人CS
		体能拓展	高空组合、攀岩；毕业墙、障碍组合、模拟电网、携手并进、信任背摔、轮胎坡、手吊环桥、移花接木；攀网过河、水上吊桩、乘风破浪、勇者桥
		趣味游戏	鼓动人生、不倒森林、龙行天下、汉诺塔、能量传递、棋艺、众志成城
3	生存体验	生活家政	家常菜、家常饭、自行车修理
		紧急救护	心肺复苏、救护包扎
		防灾减灾	消防演练、逃生演练
		手工技艺	书法篆刻、贝类工艺、秸秆编织
		劳动实践	花卉栽培、蔬菜种植
4	科学实践	科学探究	动物标本制作、腊叶标本制作、新纸器时代
		技术设计	航模制作、创意搭建

海州区素质教育中心

一、基地建设

海州区素质教育中心于 2015 年 3 月由海州区素质教育实践基地更为现名，由中心本部和新坝分部组成，占地面积约 70 亩，建筑面积约 6000 平方米。中心位于风景优美的锦屏山西麓，地理位置优越，自然风光秀美，名胜古迹众多，被誉为"东方天书"的将军崖岩画近在咫尺，国家 4A 级风景区桃花涧、百年老矿锦屏磷矿与之相邻，另外还有锦屏山空军雷达站、预备役部队、武警消防支队、白虎山、石棚山、孔望山等一批教育基地与之呼应。能同时容纳近 500 名师生进行实践活动。

海州区素质教育中心采用准军事化封闭式管理模式，遵循延伸学校教育、衔接社会教育的指导思想，开展主题教育、手工实践、生存体验、科学探究、军事训练、体能拓展、种植养殖、游览参观等课程，全面培养学生勤俭节约的优良传统、吃苦耐劳的精神、勇于开拓的创新意识、锲而不舍的坚强意志，使之成为"有理想、有道德、有文化、有纪律"的四有新人。

▼基地教学楼

▲学生参加团体合作训练

　　海州区素质教育中心于 2011 年至 2016 年期间多次获市、区教育局"勤工俭学先进集体"、"教育宣传工作先进集体"、"读书先进集体"等荣誉称号，在市教育局举办的五届素质教育成果展示活动中多次荣获团体一、二、三等奖，多个单项获得一、二、三等奖。海州区素质教育中心是对中小学生进行融爱国主义教育、国防军事教育、心理健康教育、生活技能训练、紧急救护训练、法制安全教育、防灾减灾教育等为一体的校外活动的理想场所。

海州区素质教育中心基本情况

基地地址	连云港市海州区锦屏镇刘顶村锦屏路 108 号		法人代表	苏勋胜
管理人员（人）	3	在编教师（人）	9	聘用人员（人）	12
占地面积（亩）	70	建筑面积（平方米）		6000
年接待能力（人次）	30000	宿舍床位数（张）	500	就餐座位数（个）	500
接待对象	小学生	初中生	高中生	其他
近年接待学生数（人次） 2014 年	7500	9000	—	
2015 年	9000	11500	—	
2016 年	10000	15000	5000	

二、课程设置

海州区素质教育中心设立了以生存体验、素质拓展、科学实践、专题教育四大领域为主的课程体系，每个领域下包括不同模块，每个模块下设可选项目，课程丰富。

海州区素质教育中心课程设置

序号	领域	模块	项目
1	生存体验	生活技能	厨具体验、烹饪、糕点制作、面点制作、包饺子、做豆腐卷、自行车修理
		紧急救护	溺水急救、触电急救、心肺复苏、急救包扎
		防震减灾	地震演练、消防演练、火灾逃生、灭火器使用
		手工技艺	陶艺、剪纸、雕刻、纸工、金属丝技艺、模具制作
		劳动实践	农具认识、花卉栽培、蔬菜种植、田间管理
2	素质拓展	军事训练	内务整理、队列队形训练、军事障碍、真人CS、教唱军歌
		体能拓展	高空断桥、高空独木桥、高空荡木桥、毕业墙、信任背摔、人字桥、龙行天下
		水上项目	趣味水上球、勇过铁索桥、水上荡桥、垂钓
3	科学实践	科学探究	植物识别、动物识别、植物标本制作、科学调查
		天文地理	气象观测、星系观测、地球构造认识
		科技创新	科学绘画、车模制作、航模制作
		科学体验	无线电测向、无弦琴、无皮鼓、动感电影
4	专题教育	心理健康	青春期教育、心理辅导活动、个别心理咨询、沙盘游戏
		国防教育	参观军营、参观革命纪念馆、升旗仪式
		法制教育	法制报告会、图片展览、法制教育影片、模拟法庭
		环境教育	太阳能利用、风能发电、空气质量检测、水质检测
		传统教育	礼仪教育、感恩教育、诚信教育、场景体验
		民俗文化	游览参观、风筝制作、中国结编织、脸谱制作、十字绣

灌云县小学素质教育实践基地

一、基地建设

灌云县小学素质教育实践基地坐落于苏北第一神山——国家 4A 级风景区大伊山北侧，由灌云县教育局投入创办，是面向灌云县小学生开展社会实践活动的综合型实践基地。

基地自创建以来，一直坚持"延伸学校教育，补充常规教育，实践素质教育"的办学思想，贯彻"让学生经历一次体验，感受一次成功，尝试一次创新"的办学理念，根据学生的身心发展规律制定"全面育人、全员育人、全程育人"的教育方案，从学校走入社会，从课堂走进生活，从书本走向实践，将学生的全面发展落实到具有自身特色的课程中。

灌云小学基地领导重视对特色课程的研发，教研团队结合区域优势，充分开发可用资源，形成自己的课程建设特色：①课程的综合性，如融合多个活动项目形成大伊山生存训练课程体系；②课程内涵的丰富性，如农耕文化与农业实践结合、从业思想与从业实践结合形成的农业课程体系；③课程的传承与创新性，每年更新课程，丰富课程内容，杜绝一成不变。课程是基地的生命，在基地领导与

▼基地全景

▲学生体验"冲锋台"

教师团队的共同努力下，灌云小学基地先后承担了省级示范课、市级优秀课展示，获得省、市领导的一致好评。

由于成绩突出，基地先后被评为省"基地协作会理事单位"、"省基地协作会中心教研组农业工业副组长单位"、"市级科普示范基地"，并且在连云港市举行的基地成果展示比赛中成绩突出。

灌云县小学素质教育实践基地基本情况

基地地址	灌云县伊山镇北环路2号		法人代表	董永友
管理人员（人）	8	在编教师（人）28	聘用人员（人）	8
占地面积（亩）	80.2	建筑面积（平方米）		34500
年接待能力（人次）	40000	宿舍床位（张）500	就餐座位数（个）	800
接待对象		小学生	初中生 高中生	其他
近年接待学生数（人次）	2014 年	26000	— —	—
	2015 年	37000	— —	—
	2016 年	25000	— —	—

二、课程设置

基地开设了生存体验、素质拓展、科学实践、主题教育等方面的课程。

灌云县小学素质教育实践基地课程设置

序号	领域	模块	项目
1	生存体验	生活技能训练	衣物洗涤、自行车拆装
		野外生存体验	野炊、荒野求生
		手工技艺体验	陶艺制作、石膏倒模、丝网花制作
		农业劳动实践	蔬菜栽培、农耕文化与农业实践
		工业劳动实践	金工
		社区服务实践	走进疗养院
2	素质拓展	军事训练	队列队形训练、射击、排雷
		体能拓展	高空拓展、场地拓展、水上拓展
		趣味游戏	益智游戏
3	科学实践	科学研究	动物行为研究、动植物识别、植物蜡叶标本制作
		技术与设计	航模制作、车模制作、定向越野
		科普教育	趣味科技体验
4	主题教育	革命传统教育	参观烈士纪念馆
		传统美德教育	礼仪教育
		民俗文化教育	十字绣
			丝带绣

灌云县中学生社会实践基地

一、基地建设

灌云县中学生社会实践基地建于 2011 年 10 月，占地 70 余亩，建筑面积 10000 余平方米，能同时满足 800 余名师生开展综合实践活动的需求，年接待学员能力逾 10 万人次。基地内部生活、学习、娱乐、训练等设施一应俱全，内涵丰富，功能完善，分为主题教育区、生活体验区、军事训练区、户外拓展区、手工制作区、高效农业种植区、农俗馆展区。拥有主题教育馆（室）15 个，拓展训练项目 30 余种，生活体验自助式厨房 10 组，果蔬温室 2 座，高科技温室 1 座，现有教职工 55 名。

基地自创建以来，就注重对特色的打造，尤其在法治安全教育方面，目前"青苹果安全法治乐园"已形成"一园一廊一广场"和"一庭四馆一讲堂"教育模式，初步形成安全法治教育特色，让每个走进基地的人都能受到教育。

基地从 2012 年 9 月开营以来，已圆满完成了承担全县 7 万余名中学生社会实践活动的任务，得到了实践学校和家长的一致赞誉，同时也引起了社会各界的广

▼学生体验"剪纸"

泛关注。

近年来，基地被评为省"平安校园"、省"法治文化示范点"、省"成长护航示范工程"、省"防震减灾示范点"、市"法制教育基地"、市"廉政文化教育基地"、市"消防科普示范基地"，连续5年被评为市"优秀基地"。防震教育、青苹果法治教育、布贴画、剪纸等被评为市"优秀课程"。县内外多批参观考察团慕名而来，各级各部门领导对基地的育人环境、规范管理都给予了充分的肯定。

灌云县中学生社会实践基地基本情况

基地地址		灌云县南岗乡许相村		法人代表	邓克虎
管理人员（人）	9	在编教师（人）	46	聘用人员（人）	9
占地面积（亩）		70.6	建筑面积（平方米）		10350
年接待能力（人次）	150000	宿舍床位数（张）	800	就餐座位数（个）	800
接待对象		小学生	初中生	高中生	其他
近年接待学生数（人次）	2014年	—	60636	—	—
	2015年	—	63095	—	—
	2016年	—	66125	—	—

二、课程设置

基地开设了以生存体验、素质拓展、科学实践、专题教育为核心的课程体系，下设不同模块和项目，供师生选择。

灌云县中学生社会实践基地课程设置

序号	领域	模块	项目
1	生存体验	生活（家政）技能训练	烹饪、糕点制作、衣物洗涤、缝纫、自行车修理
		野外生存体验	野炊
		紧急救护训练	心肺复苏、救护包扎
		防灾减灾演练	消防演练、地震逃生演练、核知识科普与防核演练

序号	领域	模块	项目
1	生存体验	手工技艺体验	面塑艺术、纸工工艺、金属丝工艺、电烙画制作、叶脉书签设计与制作、串珠艺术
		农业劳动实践	农具认知、蔬菜栽培、无土栽培、畜牧养殖
		工业劳动实践	金工、木工、电子电工
		社区服务实践	社区劳动
2	素质拓展	军事训练	队列训练、军事内务、军事竞技、射箭
		体能拓展	高空拓展训练、场地拓展训练、水上拓展训练、攀岩
		竞技比赛	百米障碍赛
		趣味游戏	益智游戏
		文化娱乐	篝火晚会、影视赏析、才艺展示
3	科学实践	科学探究	植物蜡叶标本制作、趣味物理、造纸探究
		技术与设计	无线电测向、趣味电子制作
4	专题教育	国情省情县情乡情教育	国情市情县情大讲堂、"家乡美"模拟导游、升旗仪式国旗下讲话
		革命传统教育	参观县烈士陵园
		传统美德教育	感恩教育、"八礼四仪"教育、廉洁奉公教育
		民主与法制教育	法制大讲堂、模拟法庭、法制小游戏、法律知识竞赛
		心理健康教育	青春期心理教育、心理咨询与辅导
		国防教育	人民防空防护演练、国防教育专题讲座、国防知识竞赛
		环境保护教育	科学调查
		毒品预防教育	禁毒法规与案例剖析、预防艾滋病教育
		民族民俗文化教育	民族团结教育、剪纸艺术、十字绣艺术、布贴艺术、沙画艺术

东海县中小学素质教育实践基地

一、基地建设

东海县中小学素质教育实践基地投资 600 余万元，建成建筑面积 10925 平方米的校舍，宿舍楼两栋共 1900 平方米，餐厅和配套用房 600 平方米，每期可接待学生 500 名。基地主要分为学生室外实践和室内活动两部分。

室外实践基地建设。基地户外拓展区建设有毕业墙、穿越电网、礼让通行、罐头鞋、有轨电车、雷阵、移花接木、携手并进、梅花桩、雷区取水、孤岛求生、高空组合项目、真人 CS 等项目。另有面积约 20000 平方米的水上项目训练基地，包括高空溜索、水上快艇、划船训练等项目。基地还整合了东海县自然资源、社会资源和文化特色资源，充分挖掘利用地理、人文资源，分别建立了磨山爱国主义教育基地、黄川草莓种植基地、石梁河葡萄种植基地、石梁河水库实践基地四个校外实践主基地。

室内场馆建设。室内场馆由十五个科室组成，分别为中华传统文化三室：民族器乐室、棋艺室、书法篆刻室；东海"三宝"三室：水晶文化展室、泉文化展室、

▼学生们在参观展厅

▲学生在参加训练

少儿版画展室；市基地优秀课程两室：电子航模室、金工制作室；"文舞之道"两室：经典诵读室、舞蹈室；主题活动五室：国防教育展室、自护自救室、科技活动室、十字绣活动室、益智游戏活动室。

水晶文化展室、电子航模室、金工制作室在市中小学素质教育实践基地课程评比中被评为"优秀课程"。基地被评为江苏省"青少年电子技师认定先进单位"。

东海县中小学素质教育实践基地基本情况

基地地址		东海县青湖镇驻地		法人代表	顾然
管理人员（人）	6	在编教师（人）	20	聘用人员（人）	5
占地面积（亩）		81	建筑面积（平方米）		15325
年接待能力（人次）	35000	宿舍床位数（张）	520	就餐座位数（个）	575
接待对象		小学生	初中生	高中生	其他
近年接待学生数（人次）	2014 年	—	27000	—	—
	2015 年	—	31000	—	—
	2016 年	—	35000	—	—

二、课程设置

　　基地根据自身资源优势以及学生的实际需要，开设了以生存体验、专题教育、素质拓展和科学实践为核心的课程体系，从学习、生活的各个方面锻炼学生的实践能力，激发学生的探索热情，全面提高自身素养。

东海县中小学素质教育实践基地课程设置

序号	领域	模块	项目
1	生存体验	生活技能训练	厨艺
		紧急救护训练	心肺复苏、创伤救护
		防灾减灾演练	地震防护、救护；核辐射防护、救护；火灾防护、救护
2	专题教育	军事、体能训练	军事队列、内务整理
		法制与安全教育	法制与安全教育、模拟法庭
3	素质拓展	身体素质训练	穿越电网、乘风破浪、携手并进、高空溜索、毕业墙、攀岩、真人CS、攀网过河、信任背摔
4	科学实践	动手操作训练	金工制作、航模、创意模型、书法篆刻

灌南县中小学素质教育基地

一、基地建设

灌南县中小学素质教育基地由原花园中学改建而成，占地 105 亩，建筑面积 9709 平方米，总投资 1700 余万元，是针对我县中小学综合实践活动课程开发的唯一基地。

基地拓展项目分陆上项目区、水上项目区、展室区、大型科技展馆区、CS 模拟枪战区、标准餐厅区、宿舍区七大区域，布局合理，功能完善。近年来，基地依托独特的乡村资源优势，自主开发了走进生活、走向科学、走向实践、特色军事教育、手工创新制作等活动课程，凸显了基地"开放式课程、乡土乡情文化"的特色。基地已成为能够让全县青少年学有所得的第二课堂，动有所获的体验场所，玩有所乐的成长乐园。

基地一直遵循"延伸学校教育，衔接社会教育，实践素质教育"的办学思想，贯彻"让学生经历一次体验，感受一次成功，尝试一次创新"的办学理念，以培养学生的创新精神和实践能力为重点，依托海西文化和灌河自然资源，着力打造

▼学生体验"拓展训练"

▲学生在参与空中项目

共建型运作、开放式课程、海西乡土文化的办学特色，并在课程建设上取得了显著成绩。

　　基地先后被评为省"科普教育基地"、省"和谐校园"、市"防震减灾科普示范学校"、市"优秀职工书屋"、县"综合考评先进单位"，多门综合实践活动课程荣获市优秀课程评比一等奖，多次荣获市中小学生素质教育成果展示活动团体一等奖。

灌南县中小学素质教育基地基本情况

基地地址		灌南县新集镇花园街		法人代表	黄金刚
管理人员（人）	3	在编教师（人）	28	聘用人员（人）	17
占地面积（亩）		105	建筑面积（平方米）		9709
年接待能力（人次）	80000	宿舍床位数（张）	738	就餐座位数（个）	660
接待对象		小学生	初中生	高中生	其他
近年接待学生数（人次）	2014 年	36000	34000	—	—
	2015 年	38500	36000	—	—
	2016 年	41000	39000	—	—

二、课程设置

基地开设了专题教育、拓展训练、生存体验、科学实践等方面的课程。

灌南县中小学素质教育基地课程设置

序号	领域	模块	项目
1	专题教育	传统美德	文明礼仪
		法制教育	少年模拟法庭
		国防教育	防空防护演练
		民俗文化	中国结工艺、布贴工艺、棋艺、风筝制作、刻纸工艺
		心理健康教育	心理咨询与辅导
2	拓展训练	军事训练	队形队列训练、军事内务、军事障碍组合、霹雳炮、模拟射击、真人 CS
		体能训练	中空五连、高空组合、攀岩、穿越电网、毕业墙、信任背摔、轮胎阵、转孔桥、缅甸桥、伙伴桥、滑桥、搭板桥、吊索桥、网桥、水上梅花桩
		趣味游戏	不倒森林、能量传输、齐心合力、龙行天下
3	生存体验	生活家政	自行车组装、包饺子、家常饭菜、做豆腐
		紧急救护	心肺复苏、急救包扎
		防灾减灾	逃生演练、消防演练
		手工技艺	秸秆编制、书法、篆刻、根雕
		劳动实践	耕地、灌溉，蔬菜、花卉种植
4	科学实践	科学探究	蜡叶标本、纸承重、电磁秋千、科技制作
		技术设计	创意台灯制作、航模制作

淮安市

淮安市教育及实践基地概况

近年来，淮安市教育局根据省教育厅《关于加强中小学素质教育实践基地建设的通知》的精神，从培养学生创新意识、实践能力、社会责任感的高度出发，切实加强中小学素质教育实践基地的建设和管理，取得了较好的成效，已建成具有一定规模的综合性实践基地两个（盱眙县铁山寺中小学生社会实践培训中心和淮安市青少年综合实践基地），总投资 5 亿元的在建基地一个（盱眙黄花新四军文化园），另有一批小型学生实践基地。

淮安市中小学实践基地

基地名称	基地性质	主管部门
盱眙县铁山寺中小学生社会实践培训中心	公办	盱眙县教育局
淮安市青少年综合实践基地	公办	淮安区教育局

淮安重视对基地内部设施设备的配备，按照教育部印发的《示范性综合实践基地实践活动指南》的要求，结合地方实际，选择基地内部学生实践项目，配备相应器材设备设施，综合性基地能同时接待 500 人活动、住宿、就餐。加强队伍建设，根据基地的实践项目，配备专、兼职教师，并进行多层次的培训，满足指导学生实践的需要。建立完善的评价机制，使学生的实践过程、效果有考核标准，老师的实践教学指导也有考评指标，力求实践基地的教育效益最大化。

盱眙县铁山寺中小学生社会实践培训中心

一、基地建设

盱眙县铁山寺中小学生社会实践培训中心是服务于全县中小学生综合社会实践的机构。中心占地面积约 50 亩（不含野炊营地），建筑面积 3200 平方米，食堂建筑面积 500 多平方米，能容纳约 400 多名学生就餐。基地还有 250 米标准塑胶操场、标准篮球场。野炊营地建有土灶锅 46 口，野炊用具 400 多套。

中心自成立以来，每年接待全县参加社会实践活动的师生 10000 人左右，为学生亲近自然、走向社会、独立生活、合作分享提供了很好的实践平台。

盱眙县铁山寺中小学生社会实践培训中心基本情况

基地地址		盱眙县天泉湖镇古城街道		法人代表	殷大林
管理人员（人）	4	在编教师（人）	4	聘用人员（人）	15
占地面积（亩）		60	建筑面积（平方米）		4500
年接待能力（人次）	10000	宿舍床位数（张）	400	就餐座位数（个）	400
接待对象		小学生	初中生	高中生	其他
近年接待学生数（人次）	2014 年	4500	3400	—	—
	2015 年	5000	3700	—	—
	2016 年	6000	3700	—	—

▼中小学生升旗仪式

▲野炊活动

中心对县域内资源进行挖掘，选取适合中小学生的优质资源进行整合，融入社会实践活动中，从而形成了富有特色的活动文化。一是"绿色文化"，依托4A级景区铁山寺国家森林公园的美丽自然风光，引导学生参观、游览，让学生亲近自然，感受绿色；二是"红色文化"，带领学生参观黄花塘新四军军部纪念馆，聆听新四军抗战故事，感受红色文化氛围，强化学生的爱国情怀；三是"黄色文化"，让学生走近明祖陵，感受皇家陵墓的恢宏气势，目睹国家级文物的神道石刻，品味厚重的历史韵味；四是"民俗文化"，带领学生走进农村，走进农户，了解农民的生活，了解农村的风土人情。

二、课程设置

盱眙县铁山寺中小学生社会实践培训中心在深入挖掘、整合资源的同时，还聘请专家对活动课程进行合理地开发和有针对性地设计，从而形成了五大课程体系，包括环保教育、科普教育、爱国主义教育、生命教育、民风民俗教育。

盱眙县铁山寺中小学生社会实践培训中心课程设置

序号	领域	模块	项目
1	专题教育	参观游览	参观科普园、森林公园
2	生存体验	体验	野炊

江苏省淮安市青少年综合实践基地

一、基地建设

江苏省淮安市青少年综合实践基地是 2012 年由国家彩票公益金支持的示范性实践基地项目。基地在市委市政府、区委区政府的关心下，在各界领导的支持下，2012 年开始筹建，选址在淮安区淮安经济开发区北冀，规划总投资约为 9800 万元，占地 108 亩，建筑面积约 30826 平方米。

综合实践楼共四层：第一层主题为历史传承、运河之都，第二层为宇航馆科技馆，第三层主题为生命安全，第四层主题为社会生活，全面提升学生的综合素质。户外包括军事体能训练区、孤岛生存演练区、丛林狩猎体验区、水上求生运动区，力图把素质教育由全面推向深入。

▲青少年综合实践基地活动

江苏省淮安市青少年综合实践基地基本情况

基地地址	淮安区淮安经济开发区北冀		法人代表	王其明
管理人员（人）	7	在编教师（人）　18	聘用人员（人）	6
占地面积（亩）	108		建筑面积（平方米）	30826
年接待能力（人次）	26000	宿舍床位数（张）　1000	就餐座位数（个）	1000
接待对象	小学生	初中生	高中生	其他
近年接待学生数（人次）　2014年	－	－	－	－
2015年	－	－	－	－
2016年	－	－	－	－

二、课程设置

基地本着以人为本、融合本地特色的原则，结合青少年身心发展规律和淮安地方实情，进行一体化设计，着力打造运河文化、国防教育、生命安全、科技体验、文化创意等多种具有主题特色的教育场地。对广大青少年全力进行"四商"培育——智商、情商、胆商、逆商，"四力"培养——组织能力、策划能力、控制能力、创新能力。

江苏省淮安市青少年综合实践基地课程设置

序号	领域	模块	项目
1	科学实践	航天与科技类	小小工程师、航模制作
		经济生活类	财富明天、创意贴画
2	专题教育	经济生活类	感恩教育
3	生存体验	经济生活类	剪纸艺术、面具制作、风筝制作、手提袋制作
		安全教育类	防震减灾
4	素质拓展	经济生活类	多米诺骨牌
		军事射击类	军事射击、疾速60秒

盐城市

盐城市中小学社会实践基地概况

为进一步加强未成年人思想道德建设，强化综合实践活动课程的实施与开发，盐城市高度重视实践基地建设与管理工作。

首先，强化资金投入，加快基础建设。近10年以来，全市各县（市、区）累计投资 1.5 亿元，在原有撤并学校（或现有职业教育学校）的基础上，先后建立 8 所实践基地，其中 2 所为省级实践基地，基本满足全市中小学生社会实践的需要。在此基础上，强化基地管理，保证规范运行。市教育局将实践基地教育全面纳入教育中长期发展规划之中，与中小学实现同步管理，对基地的教学、交通、食宿、安全等工作进行统一安排布置。目前，各基地定位准确、管理规范，均能正常开展活动。

其次，成立基地联盟，强化内涵建设。2015 年底，全市 8 所实践基地成立了"盐城市基地联盟"，江苏省盐城未成年人实践基地为牵头单位。基地联盟侧重研究课程建设、教师培训、校园文化建设、教学管理、后勤服务等工作，着力推进基地内涵建设，实现跨越发展。强化总结督导，提升基地品质。市教育局对基地教育教学、后勤管理、安全教育等工作进行专项督查，市文明办和教育局联合召开基地工作总结大会，对基地的运行情况进行全面总结回顾，表彰先进，促进基地发展，提升品质内涵。

盐城市中小学社会实践基地

基地名称	基地性质	主管部门
江苏省盐城未成年人社会实践基地	公办	盐城市教育局
东台市中小学生素质教育实践基地	公办	东台市教育局
盐城市大丰区青少年活动中心社会实践基地	公办	大丰区教育局
盐城市亭湖区中小学素质教育实践中心	公办	亭湖区教育局
建湖县中小学生综合实践基地	公办	建湖县教育局
射阳县中小学生素质教育实践基地	公办	射阳县教育局
阜宁县中小学生素质教育综合实践基地	公办	阜宁县教育局
响水县青少年素质教育基地（正在建设中）	公办	响水县教育局

江苏省盐城未成年人社会实践基地

一、基地建设

江苏省盐城未成年人社会实践基地坐落在亭湖区盐东镇境内，距离市区约 30 公里。基地西接沈海高速，东临黄海，与国家级丹顶鹤自然保护区毗邻。区域优势明显，生态资源丰富，风光迤逦，交通便利，为中小学生开展实践活动提供了得天独厚的条件，也为基地的可持续发展创造了广阔的空间。

基地在原经济管理学校的基础上创办，2005 年经盐城市编办批准，"盐城市中小学素质教育实践中心"挂牌成立；2009 年，被江苏省文明办命名为"江苏省盐城未成年人社会实践基地"；2012 年，基地创建成"盐城市青少年国防教育基地"和"盐城市少年军校"。现占地 275 亩，有教职员工近 40 人。

多年来，基地在盐城市文明办、教育局的直接领导和支持下，按照"总体规划、分步实施"的要求，计划分三期建成省内一流基地。一期工程完成了综合楼、学生食堂、浴室、宿舍等功能房的建设；二期工程新建了教学楼、多功能厅，目

▼盐城未成年人社会实践基地

前工程建设已顺利竣工；三期工程于 2017 年下半年正式启动，计划新建一座科技楼和学生宿舍。目前基地日接待量近千人，年接待量逾 8 万人次，自创办以来已成功接待大市区（含盐都区、开发区、城南新区、市直学校）近 18 万名中小学生和社会各界团队。

多年来，基地秉承"立德树人、实践育人"的理念，始终坚持学校教育、社会教育、家庭教育"三位一体"，认真做好实践教育，着力培养学生的社会责任感、实践能力和创新精神。基地把基础建设、课程建设和教师队伍建设作为事业发展的根本和关键，不断探索实践教育的新思路和新举措，课程开发研制小组定期开展形式多样、内容丰富的教师培训和教学研究，并主动与高校教研机构联合，着力提升基地课程品质和内涵。目前，基地初步建立了由 4 大领域、20 个模块、近50 个活动项目组成的课程体系，同时，充分利用盐城地域文化和基地周边教育资源，积极创设地方特色课程，先后开发了红色之旅、生态东南、滩涂文化、海盐历史、科技体验、腾飞悦达、走进法庭等十多个校外活动项目，极大地丰富了课程内容，初步形成"大本营＋基地"的办学模式。基地连续 4 年被评为盐城市"文明单位"，多次获得盐城市"德育工作先进集体"、"未成年人思想道德建设先进集体"、"青少年国防教育先进集体"等殊荣。2014 年和 2016 年，在省文明办组织的对基地运

▼学生参加活动项目

▲学生参加手工制作

行管理情况的两轮评估验收中，皆获得一等奖的好成绩。

　　着眼当前，面向未来，基地务实求真，追求卓越。积极探索课程共建、教师共培、资源共享的新模式，加强基地间的相互联系，全面构建活动评价机制，不断提升基地管理与服务水平，努力走创新发展之路，办精品特色基地。

江苏省盐城未成年人社会实践基地基本情况

基地地址	盐城市亭湖区盐东镇东南村北首		法人代表	季万新
管理人员（人）	3	在编教师（人）　31	聘用人员（人）	8
占地面积（亩）	275.2	建筑面积（平方米）		15821
年接待能力（人次）	8万	宿舍床位数（张）　836	就餐座位数（个）	720
接待对象	小学生	初中生	高中生	其他
近年接待学生数（人次） 2014年	27242	25517	27848	—
2015年	29046	26276	24857	—
2016年春	7191	20559	14860	—

二、课程设置

目前，基地初步建立了以 5 大领域，近 50 个活动项目为主的课程体系。参加实践活动的中小学生可根据不同地区、不同学龄段的需要，选择合适、感兴趣的项目。

江苏省盐城未成年人社会实践基地课程设置

序号	领域	模块	项目
1	生存体验	生活（家政）技能训练	烹饪、水饺制作、农家豆腐坊、模拟驾驶
		野外生存体验	野炊、烧烤
		紧急救护训练	心肺复苏、创伤救护（自保自救）
		防灾减灾演练	消防演练
		手工技艺体验	陶艺 DIY、丝网花
		农业劳动实践	水车
		工业劳动实践	金工、木工制作
2	素质拓展	军事训练	队列训练、军事竞技、军事内务、模拟射击、真人 CS
		体能拓展	高空拓展训练、场地拓展训练、水上趣桥、攀岩、勇攀珠峰
		竞技比赛	百米障碍赛、飞镖竞技、桌上足球
		趣味游戏	多米诺骨牌、龙舟竞渡、智力拼板
		文化娱乐	挑战麦克风、才艺表演、影视赏析
3	科学实践	科学探究	气象观测
		技术与设计	无线电测向、电子百拼
		科普教育	创新科技馆

序号	领域	模块	项目
		国防及革命传统教育	国防教育馆
4	专题教育	民主与法制教育	模拟法庭、反邪教警示教育
		民族民俗文化教育	剪纸艺术
5	校外基地	主题教育	新四军纪念馆、千鹤湾亭湖养老中心、丹顶鹤自然保护区、东风悦达起亚工厂、新洋农业试验站、盐东法庭、盐城市海盐博物馆、亭湖区盐东镇东南村生态考察

▲学生参加实践训练

东台市中小学生素质教育实践基地

一、基地建设

东台市中小学生素质教育实践基地位于黄海之滨，2009年由江苏省东台第二职业高级中学改建成为东台市未成年人社会实践活动基地，同时挂牌"东台市中小学生素质教育实践基地"、"东台市青少年法制教育活动基地"。2009年10月，基地正式对外开放。

现接待小学五年级、初中一年级学生参加实践活动，每期三天，全年接待学生达3.6万人次。基地占地1128亩，现有教职工41人。基地现为江苏省中小学实践基地协作会理事单位、省中心教研组副组长单位、盐城市实践基地联盟副会长单位。基地课程主要包括六大类：军事训练类、素质拓展类、自救自护类、劳动实践类、科技制作类、主题教育类。

▼东台市中小学生素质教育实践基地

▲ 活动中老师为学生做示范

近年来基地先后获得"江苏省节水教育基地"、"江苏省绿色学校"、"江苏省反邪教教育示范点"、"盐城市勤工俭学先进集体"、"东台市文明单位"、"东台市教育系统综合先进单位"等荣誉。

东台市中小学生素质教育实践基地基本情况

基地地址	东台市弶港镇新曹社区		法人代表	夏荣强
管理人员（人）	8	在编教师（人）　41	聘用人员（人）	－
占地面积（亩）	1128	建筑面积（平方米）		1850
年接待能力（人次）	12000	宿舍床位数（张）　600	就餐座位数（个）	600
接待对象	小学生	初中生	高中生	其他
近年接待学生数（人次）2014 年	5800	5200	－	350
2015 年	5500	5300	－	380
2016 年	5100	4700	－	460

二、课程设置

基地开设了农林劳动、工艺技术、科技创新、地方特色、社会生活等实践课程。

东台市中小学生素质教育实践基地课程设置

序号	领域	模块	项目
1	农林劳动实践	家政	野炊
2	工艺技术实践	手工制作	丝网花制作、环保袋制作
3	科技创新实践	科技体验	智能机器人、电子百拼、机器人组装
		科技制作	水火箭制作与发射
		主题教育	科技馆主题教育
4	地方特色实践	非遗实践	东台发绣
5	社会生活实践	生命教育	心肺复苏、伤口包扎、节水主题教育
		生存教育	消防逃生演练
		素质拓展	有轨电车、雷阵、高空独木桥、同心鼓、攀岩、信任背摔、高空断桥、多米诺、不倒森林、汉诺塔、移动高尔夫、流星赶月
		国防教育	射箭、手榴弹投远投准、胸环击倒靶训练、单人军人队列动作、军事小七项、报环靶射击、真人CS

盐城市大丰区青少年活动中心

一、基地建设

盐城市大丰区青少年活动中心同时挂牌"盐城市大丰区青少年素质教育实践基地"、"盐城市大丰区妇女儿童活动中心"，于 2010 年 10 月成立（撤并原有的少年宫），副科级建制，隶属于大丰区教育局，以区妇联、团委为业务指导单位，是大丰最大的公益性青少年校外实践基地。

2012 年底，全区义务教育阶段校外实践活动启动。全区小学四、六年级，中学初一、初二年级的学生分批组织前往基地参加活动，每批 400 人左右，历时两天半，实施集中管理。基地开设的课程有军事训练、手工制作、户外拓展、参观采风等。活动中心打造的行知互动剧场、骆晓娟工作室、反邪教警示教育中心等德育品牌声名远播。近两年，每年参加培训的学生达到 10000 多人次，受到社会各界的一致好评。此外，青少年活动中心正常开设乒乓球、素描、书法、舞蹈、跆拳道、象棋、小主持人等各类培训项目十多个，聘请优秀教师，加强过程管理，力争让

▼盐城市大丰区青少年活动中心

每一位学员形成自身特长，让每一位家长放心满意。活动中心积极开展科技制作竞赛、演讲比赛、"三独"比赛等各类公益活动，产生了良好的社会反响。

基地先后被授予江苏省"未成年人社会实践基地"、盐城市"未成年人思想道德建设先进集体"、盐城市"文明单位"、大丰区"文明单位"等荣誉称号。

盐城市大丰区青少年活动中心基本情况

基地地址	盐城市大丰区飞达西路51号		法人代表	陈慧君
管理人员（人）	1	在编教师（人）　13	聘用人员（人）	4
占地面积（亩）	20		建筑面积（平方米）	6634
年接待能力	15000	宿舍床位数（张）　500	就餐座位数（个）	500
接待对象	小学生	初中生	高中生	其他
近年接待学生数（人次）2014年	10000	5000	—	—
2015年	5000	5000	—	—
2016年	5000	5000	—	—

▼学生参加实践活动

▲学生在实践活动中观察金属手工制品

二、课程设置

基地目前设有包括素质拓展、科学探究、生存体验、道德实践四个领域在内的十余个项目，力图从生存、科学、劳动等方面全面培养学生的实践能力。

盐城市大丰区青少年活动中心课程设置

序号	领域	模块	项目
1	素质拓展	户外拓展、才艺展示	高空独木桥、横渡索桥、穿越沙池、翻越网墙、竞赛坡墙
2	科学探究	科学考察	参观江苏流动科技馆、参观海洋馆
3	生存体验	劳动实践、技能培训	制作丝网花、超轻粘土、宫灯制作、整理床铺
4	道德实践	社区服务	尊老敬老活动

盐城市亭湖区中小学素质教育实践中心

一、基地建设

  盐城市亭湖区中小学素质教育实践中心筹建于 2010 年，成立于 2011 年，是在原盐城市机场初级中学基础上改建的一所中小学素质教育基地，隶属于盐城市亭湖区教育局。占地 100 余亩，建有办公区、训练区、生活区三大区域，训练区已建有国防教育区、消防自救区、素质拓展区、素质测试区、真人 CS 对抗区等。基地努力开展学生综合实践活动，已对全区五十多所中小学十多万人次学生开展综合实践教育。

  基地开发特色课程，创新项目，编制校本课程，整合区域教育资源，依据《示范性综合实践基地实践活动指南》开设了队列训练、军事竞技、军事内务、水饺制作、豆浆制作、真人 CS、趣桥、攀岩、青少年障碍赛、丝网花等活动课程。开展专业培训，重视教师发展，基地教师全部为本科以上学历，教师结构合理、经验丰富，教学管理能力强，为各项活动的开展提供了有力保障。

▼盐城市亭湖区中小学素质教育实践中心

此外，基地不断加大投入，与政府部门联动共建，与盐城市消防支队共建了"盐城市消防教育主题馆"，与盐城市红十字会共建了"自保自救主题馆"，与

▲学生在参加军训活动

亭湖区文明办共建了"区未成年人成长指导中心"，与亭湖区水利局共建了"节水教育主题教室"，"食品药品安全教育主题馆"也正在积极筹建中。

通过努力，基地荣获2012年度"盐城市精神文明单位"、"亭湖区未成年人思想道德工作示范点"、"盐城市户外拓展训练基地"、"亭湖区中小学生国防教育基地"、"爱民固边教育基地"，2013年度"全市未成年人思想道德先进集体"、"盐城晚报小记者活动基地"、"全国首届优秀夏令营地"，2014年度"江苏省首届节水教育基地"等荣誉称号。

盐城市亭湖区中小学素质教育实践中心基本情况

基地地址	盐城市亭湖区南洋镇新洋村五组		法人代表	刘尉
管理人员（人）	5	在编教师（人）　43	聘用人员（人）	0
占地面积（亩）	100		建筑面积（平方米）	10510
年接待能力（人次）	50000	宿舍床位数（张）　520	就餐桌位数（个）	500
接待对象	小学生	初中生	高中生	其他
近年接待学生数（人次） 2014年	15885	8083	1581	1360
2015年	16433	9091	1599	1480
2016年	18229	13050	1161	1520

二、课程设置

基地依据自身师资力量储备，设立了以生存体验、素质拓展、科学实践、专题教育四个领域为主的体验项目，从各方面锻炼学生的实践能力。

盐城市亭湖区中小学素质教育实践中心课程设置

序号	领域	模块	项目
1	生存体验	生活（家政）技能训练	豆浆制作、水饺制作
		野外生存体验	野炊、烧烤、露营
		紧急救护训练	心肺复苏急救训练、创伤救护技法实践
		防灾减灾演练	消防演练
		手工技艺体验	丝网花、串珠艺术
		农业劳动实践	水车、农耕、农具认知
2	素质拓展	军事训练	队列训练、军事竞技、军事内务、军事定向越野、射箭、飞镖、模拟射击、真人CS
		体能拓展	高空拓展训练：高空断桥、空中抓杠、巨人梯、高空独木桥；场地拓展训练：团队建设、信任背摔、齐心协力、珠行万里、驿站传书、雷区取水、疾速60秒、盲人摸珠、疯狂履带、挑战150、财富人生；水上拓展训练：趣桥、攀岩
		竞技比赛	青少年障碍赛
		趣味游戏	多米诺骨牌、汉诺塔、魔方、超音速、塔牌等
		文化娱乐	篝火晚会
3	科学实践	技术与设计	航模组装与发射
		科普教育	趣味科技体验：盐城科技馆、海盐博物馆
4	专题教育	国情省情教育	参观军营（盐城边防检查站、盐城武警支队等）及盐城飞机场等
		革命传统教育	参观新四军纪念馆、泰山庙等
		传统美德教育	感恩教育：家书传情、风雨人生路等
		心理健康教育	心理咨询与辅导、青春期心理教育、沙盘游戏
		国防教育	国防教育基地、爱民固边教育基地

建湖县中小学生综合实践基地

一、基地建设

建湖县中小学生综合实践基地建成于 2006 年，坐落于县城人民北路 276 号，占地面积 80 多亩，其中"三农"基地 50 多亩，建筑面积 6800 平方米。交通便捷，环境宜人，设施设备齐全，一次性可接待 500 人，是全县中小学生开展校外活动、增强实践能力和培养协作精神的理想场所。

基地坚持"立德树人、实践育人"的指导思想，以加强未成年人思想道德建设为主线，以"体验生存，感悟自然"为办学宗旨，依托建湖人文历史悠久、教育底蕴丰厚的教育资源及环境，积极开发剪纸、淮杂艺术等地方特色课程，组织中小学生开展丰富多彩的实践活动，着力培养实践能力、创新精神和协作意识，努力造就品德高尚、身体健康、意志坚毅、团结合作的一代新人。

基地汇集建湖名企文化、非遗传承、湿地保护、名人故居、历史古迹等环境资源和教育资源，融素质拓展、社会主义核心价值观、"八礼四仪"、爱国主义、革命传统、国防、法治、消防、交通、环境、节水等教育于一体，重点服务全县中小学生，辐射社会各类群体，真正成为素质教育的优良平台。

▼建湖县中小学生综合实践基地正门

▲学生在参加实践活动

2011 年 8 月，基地被省教育厅和省科学技术协会联合表彰为江苏省"信息与未来"夏令营活动优秀组织单位，还先后获得市"绿色学校"、市"环境教育基地"、市"科普教育基地"、市"勤工俭学工作先进集体"、市"劳动实践场所建设先进单位"、县"德育工作先进集体"、县"文明单位"、县"节水教育基地"等殊荣。

建湖县中小学生综合实践基地基本情况

基地地址	建湖县城人民北路 276 号		法人代表	裴瑞东
管理人员（人）	3	在编教师（人） 19	聘用人员（人）	6
占地面积（亩）	80	建筑面积（平方米）		6800
年接待能力（人次）	30000	宿舍床位数（张） —	就餐座位数（个）	500
接待对象	小学生	初中生	高中生	其他
近年接待学生数（人次） 2014 年	11200	8600	4100	900
2015 年	12500	8500	4050	750
2016 年	10500	7800	3500	780

二、课程设置

基地开设了素质拓展、生存体验、科技实践、专题教育等方面的课程。

建湖县中小学生综合实践基地课程设置

序号	领域	模块	项目
1	素质拓展	体能训练	高空攀岩、水上趣桥、勇者之路、高空历险、树上探险
		团队拓展	室内拓展、毕业墙、巧移三角架、有轨电车、信任背摔、拓展游戏
		军事训练	真人CS镭战、电子打靶、飞镖竞技、队列训练
2	生存体验	技能培训	消防演练、心肺复苏、帐篷搭建、止血与包扎、豆制品制作、烹饪、野外烧烤、藕粉圆制作
		劳动实践	农作物栽培、果蔬栽培、踩龙骨水车、农牧渔用具认知、植物辨别
3	科技实践	科技探究	机器人组装、网页设计、钟表组装、航模运动、电子百拼
		创意制作	仿真机床、木艺制作、模型火箭制作与发射、中国结工艺、京剧脸谱、剪纸艺术
4	专题教育	节水教育	参观节水教育室、污水处理厂
		交通安全教育	交通安全教育馆
		法制教育	普法教育馆
		乡情教育	参观乔冠华故居、九龙口湿地保护区，欣赏淮杂艺术，参观华中鲁艺烈士纪念馆等

射阳县中小学生素质教育实践基地

一、基地建设

  射阳县中小学生素质教育实践基地位于射阳县西开发区，前身是国家级重点职业高中——江苏省射阳职业高级中学。基地于 2004 年起建，2005 年开始接待县内外中小学生开展素质教育实践活动。2013 年射阳职教资源整合，射阳职高转型成为专业的素质教育基地并取得独立法人资格，是隶属射阳县教育局管辖的全民公益性事业单位。

  基地占地面积 230 亩，建筑面积 4 万多平方米，可同时接待 1000 人开展活动。目前开设有攀岩、趣桥世界、真人 CS、高空九面体、勇者之路、信任背摔、穿越电网等特色活动课程 70 多项，针对不同年龄层次、不同特点，选择相应的项目课程。

  基地地处沈海高速出口，交通便利，环境优美，设施先进，服务一流。建有节水教育馆、节水展览馆、爱家乡主题馆、海洋生物科普馆等场馆；另外还建有

▼射阳县中小学生素质教育实践基地

▲学生参加活动

办公楼、图书楼、室内活动教学楼、报告厅、标准塑胶运动场、风雨操场、学生公寓、浴室、茶水房、校医室等配套教学活动及生活设施。基地现为省基地协作会素质拓展类副组长单位，并先后成为"江苏省国防教育基地"、"盐城市科普教育基地"；目前正在申报"江苏省节水教育基地"、省级"乡村旅游基地"。《盐阜大众报》、盐城电视台、射阳电视台等多家媒体分别对基地的建设发展及活动情况作过报道。

射阳县中小学生素质教育实践基地基本情况

基地地址		射阳县经济开发区（陈洋镇西郊）		法人代表	张子平
管理人员（人）	12	在编教师（人）	50	聘用人员（人）	12
占地面积（亩）		230	建筑面积（平方米）		46316.7
年接待能力（人次）	8万	宿舍床位数（张）	1148	就餐座位数（个）	1000
接待对象		小学生	初中生	高中生	其他
近年接待学生数（人次）	2014年	23345	16007	10896	360
	2015年	24426	16338	12909	620
	2016年	26064	19290	13248	980

二、课程设置

基地根据学生的实际需要，设立以道德实践、素质拓展、生存体验、科学探究为主体领域的课程体系，有多种组合可供参加实践活动的学生选择。

射阳县中小学生素质教育实践基地课程设置

序号	领域	模块	项目
1	道德实践	节水教育	参观节水宣传展览馆、节水教育讲座、播放节水教育宣传片等
		国防教育	军训、真人CS、播放爱国电影
2	素质拓展	户外拓展	毕业墙、穿越电网、3D电网、蹦蹦球、趣桥、能量传输、不倒森林、拆除核弹、挑战NO.1、击鼓颠球等
		体能竞技	攀岩、高空网墙、高空路、高空断桥、巨人梯、高空软梯、空中抓杠、空中相依、合力制胜、小学组勇者之路、中学组勇者之路、趣桥、有轨电车、桌式足球等
		趣味游戏	多米诺骨牌、汉诺塔、不倒森林、花开花落、雷阵、梅花朵朵开、十人九足、七巧板、疾速60秒、盲人方阵等
		心里辅导	信任背摔、抢渡金沙江、团结协作、解手链等
		才艺展示	文艺联欢、主题晚会
3	生存体验	劳动实践	微型花移植、田间耕作和蔬菜苗移植、手工剪纸
		技能培训	花卉品种识别与养护、瓜果蔬菜识别和采摘、水饺制作、分五谷、搭建帐篷（露营）
		生命教育	禁毒教育、心肺复苏
4	科学探究	科普教育	参观海洋生物科普馆、爱家乡主题教育馆
		科学探索	无线电测向等

阜宁县中小学生素质教育综合实践基地

一、基地建设

阜宁县中小学生素质教育综合实践基地位于阜宁县职业技术教育中心内，于2008年筹建，2009年正式开营（基地原由阜宁县职业技术教育中心投资建设，2014年4月单独列编）。

基地依据《示范性综合实践基地实践活动指南》，自主研发了科普教育类、生活技能类、艺术实践类和拓展训练类等4大类30多项课程，集素质拓展、科学实践、生存体验、专题教育于一体。让每一位参训学员"感受一段经历、尝试一次创新、体验一次成功、张扬一次个性、培养一种意识、塑造一种品质"，达到"学会发现、学会学习、学会做人"的育人目标。自开展活动以来，年培训5万人次以上，得到了社会各界的大力支持和一致好评，多次被评为"江苏省全民科学素质工作先进集体"。2013年被县文明办、县教育局联合表彰为"阜宁县未成年人课外活动示范基地"，是2014年度和2015年度全县未成年人思想道德建设工作"先

▼阜宁县中小学素质教育综合实践基地正门

进集体"、"县未成年人社会实践示范基地"。

2015 年秋季学期，经上级部门批准立项，重新征地规划，计划整体搬迁新建阜宁县中小学生素质教育综合实践基地及现代农业基地。2015 年底动土新建，计划于 2016 年底建成，2017 年春学期投入使用。

阜宁县中小学生素质教育综合实践基地基本情况

基地地址		阜宁县城通榆北路 619 号		法人代表	殷红兵
管理人员（人）	3	在编教师（人）	12	聘用人（人）	10
占地面积（亩）		150	建筑面积（平方米）		14540
年接待能力（人次）	80000	宿舍床位数（张）	500	就餐座位数（个）	550
接待对象		小学生	初中生	高中生	其他
近年接待学生数（人次）	2014 年	16430	15350	2535	850
	2015 年	16540	15210	2540	1230
	2016 年	8345	7550	—	86

▼学生参加活动

二、课程设置

基地开设了以生存体验、素质拓展、科学实践、专题教育四个领域为主的课程体系，每个领域下设不同模块和项目，由专业老师指导学生，供学生选择。

阜宁县中小学生素质教育综合实践基地课程设置

序号	领域	模块	项目
1	生存体验	生活（家政）技能训练	水饺、馄饨制作
		紧急救护训练	心肺复苏急救训练、创伤救护技法实践
		手工技艺体验	花样折纸、餐巾折花
			丝网花、绢纸花
2	素质拓展	军事训练	队列训练、军事内务、射箭、飞镖、模拟射击、真人CS
		高空拓展	高空断桥、空中抓杠、巨人梯、独木桥等
		场地拓展	信任背摔、携手并进、礼让通行、毕业墙等
		体能拓展、体能拓展	勇敢者之路、军事障碍、趣桥、攀岩
		趣味游戏	多米诺骨牌、滚铁环等
		文化娱乐	影视赏析
3	科学实践	技术与设计	机器人、电动汽车
		科普教育	光伏发电参观
4	专题教育	革命传统教育	参观红色文化教育基地、铁军纪念馆、停翅港旧址
		心理健康教育	心理咨询与辅导、青春期心理教育

响水县青少年素质教育基地

  响水县青少年素质教育基地位于响水县城西郊，坐落在有"花园式学校"美誉的响水中专校园内，距响水县城区2公里。响水中专北邻响水的母亲河——灌河，东邻黄响河，南邻红卫河，西邻唐响河，四面环水，空气质量佳。这里假山碧水，蓝天绿树，翠竹葱葱，风景如画。春天，花草烂漫，五彩缤纷；夏季，绿树成荫，清凉无暑；秋月，天高水清，果实累累；冬天，松柏伟岸，涛声依旧。

  响水县青少年素质教育基地于2014年9月1日成立，占地面积181亩，建筑面积51000平方米，总投资410万。功能完善，设施一流。

  基地有真人CS对抗、模拟射击、地震模拟体验馆、户外拓展训练等四大活动区域，设有2个室内活动项目，28个室外活动项目，融知识性、趣味性、互助性、创意性为一体。通过科技探究活动，激发科学兴趣；通过户外拓展，让学生学会合作，培养团队精神；通过与大自然的亲密接触，放飞心灵，陶冶情操。

▼响水县青少年素质教育基地正门

▲基地攀岩设施

响水县青少年素质教育基地基本情况

基地地址	响水县城灌河西路 188 号		法人代表	李学宇
管理人员（人） 15	在编教师（人）	15	聘用人员（人）	–
占地面积（亩）	181		建筑面积（平方米）	51000

扬 州 市

扬州市中小学社会实践基地概况

近年来扬州市高度重视中小学社会实践基地的建设，面向学生开展各种实践活动，促进教育观念更新，实现学生学习书本知识与投身社会实践的紧密结合，培养学生的实践能力和创新精神，推动德育、智育、体育、美育和劳动教育在社会实践中相互渗透，促进中小学生的全面发展和健康成长。现已建成扬州市中小学素质教育实践基地、江苏省扬州未成年人社会实践基地、扬州市江都区学生校外活动实践基地、仪征市中小学素质教育实践基地，基本覆盖全市下辖各县、市（区）。

扬州市中小学社会实践基地

基地名称	基地性质	主管部门
扬州市中小学素质教育实践基地	公办	扬州市教育局
江苏省扬州未成年人社会实践基地	公办	宝应县教育局
扬州市江都区学生校外活动实践基地	公办	江都区教育局
仪征市中小学素质教育实践基地	公办	仪征市教育局

扬州市坚持多渠道办基地，一方面整合和利用勤工俭学的现有资源，充分发挥勤工俭学的育人功能，为实施素质教育服务，如江都和仪征即是利用原有校园改造建设的基地；另一方面，利用社会资金合作建设基地，如扬州市中小学素质教育基地即由扬州报业传媒集团投资，联合市委宣传部文明办、市教育局、市关工委共同兴办，江苏省扬州未成年人社会实践基地由宝应县教育局和正润生态园共同兴办。

扬州市各基地自建成以来，坚持科学管理，满负荷运行，最大程度发挥效益，已成为全面贯彻党的教育方针，培养德、智、体、美、劳全面发展的社会主义劳动者和接班人的重要阵地；成为深化基础教育课程改革，组织中小学生了解社会、学会生活的第二课堂；成为促进书本与实践相结合、动脑与动手相结合、学校教育与社会教育相结合的重要活动基地；成为引导中小学生走进自然、走进生活，活跃身心、健康成长的生活乐园。基地受到学生家长和社会各界的广泛欢迎，近年来每年的接待量都超过十万人次。

扬州市中小学素质教育实践基地

一、基地建设

扬州市中小学素质教育实践基地成立于 2002 年 5 月，由邗江区教育局在原邗江职业高中原址上改建而成。2010 年 7 月，由扬州市委关工委、市委政法委、市文明办、市教育局和扬州报业传媒集团五家单位联办，并由扬州报业传媒集团进行投资建设。基地位于扬州市邗江区杨寿镇，总面积 197 亩，建设有 23 个实践教室、16 个互动展馆、4 组 26 项拓展训练项目，拥有 1200 多张床位的宿舍及食堂、浴室、医务室等配套服务设施。

十多年来，基地共接待近 90 万青少年参加综合实践、军事训练、接受主题教育和素质拓展。2008 年，基地被江苏省教育厅、江苏省科协评为"江苏省青少年科普先进单位"；2009 年，基地被江苏省教育厅、江苏省环保局评为"江苏省青少年环境教育先进单位"。2011 年，基地被推选为江苏省基地协作会理事单位。

▼基地景观

▲学生体验雕版印刷

2012年12月，基地被江苏省文明委表彰为"江苏省未成年人思想道德建设工作先进集体"，同年，基地"共建共享主题馆"模式，被表彰为扬州市"思想宣传文化系统工作创新案例"。2014年，中国教育电视台新闻频道对基地经验做法进行了专题报道。2015年，基地被授予"江苏省社科联示范基地"、"扬州市国防教育示范基地"等荣誉称号。

扬州市中小学素质教育实践基地基本情况

基地地址	江苏省扬州市邗江区扬寿镇		法人代表	郭义富
管理人员（人）	10	在编教师（人）　40	聘用人员（人）	6
占地面积（亩）	197	建筑面积（平方米）		11万
年接待能力（人次）	8.8万	宿舍床位数（张）　1200	就餐座位数（个）	600
接待对象	小学生	初中生	高中生	其他
近年接待学生数（人次） 2014年	28520	24610	28400	3920
2015年	29360	26020	27340	4850
2016年	29150	27290	28370	4260

二、课程设置

扬州市中小学素质教育实践基地根据当地特色和教学需求，建设了包括科技创新实践、工艺技术实践、社会生活实践、地方特色实践等领域的课程体系。

扬州市中小学素质教育实践基地课程设置

序号	领域	模块	项目
1	科技创新实践	模型制作	手掷航模制作、初级橡筋航模制作、实体客轮制作、风筝制作、空气动力车制作、水气压火箭制作
		电子制作	电子钟制作、电子小跳灯制作、电子小鸟制作、智能远程控制、智能电子搭建
		基础科学体验	参观"科学的魅力"展馆
		自然科学体验	参观地质科普馆、参观水利展馆、参观气象科普馆、气象观测、参观地震科普馆
		先进技术体验	互动机器人体验、模型火箭发射
2	工艺技术实践	手工制作	编织中国结、排箫制作
		艺术创造	紫砂陶艺制作、软陶制作、丝网花制作
		劳动教育	包水饺、家政烹饪制作、磨豆腐、内务整理
3	社会生活实践	生存教育	红十字救护、消防体验
		国防教育	军事训练、参观人防体验馆、参观国防教育馆
		法治教育	模拟法庭、参观法治文化体验馆
		德育教育	参观禁毒教育馆、参观交通安全主题馆、参观环境保护主题馆、"百善孝为先"讲座、社会主义核心价值观教育
		素质拓展	勇敢者之路、智探雷阵、攀岩、水上铁索桥、合力过桥、高空抓杠、勇攀天梯、击鼓颠球、中低空项目组合、水到渠成
		集体生活教育	篝火晚会、观看影片、知识竞赛
4	地方特色实践	非遗文化传承	雕版印刷体验、扬州剪纸制作

江苏省扬州未成年人社会实践基地

江苏省扬州未成年人社会实践基地（宝应）（又名"宝应县青少年活动中心"）坐落于宝应湖国家湿地公园，这里环境优美，青杉碧水，绿草鲜果，百鸟鸣翠，空气新鲜，景色迷人。徜徉其中，令人乐而忘返。

一、基地建设

宝应基地依托宝应湖国家湿地公园，建立于2005年，规划占地面积200亩，总投资约4700万元，其中一期工程投入约2000万元，建筑面积4460平方米。2012年，基地启动二期工程，投入2600多万元，新增建筑面积6864平方米，其中建师生宿舍楼二幢，计有3064平方米，建生态科技馆（综合楼）3800平方米。二期工程已于2013年7月投入使用，至此基地已有5幢计4000多平方米的师生宿舍楼，可同时接待1300名师生入住，建有近2000平方米的风雨操场、1500平方米的餐厅、浴室等辅助设施，室内专用活动场地达5000平方米。此外，基地有近百亩预留空地，栽种林木，有进一步拓展的空间。

▼英国学生在参加基地活动

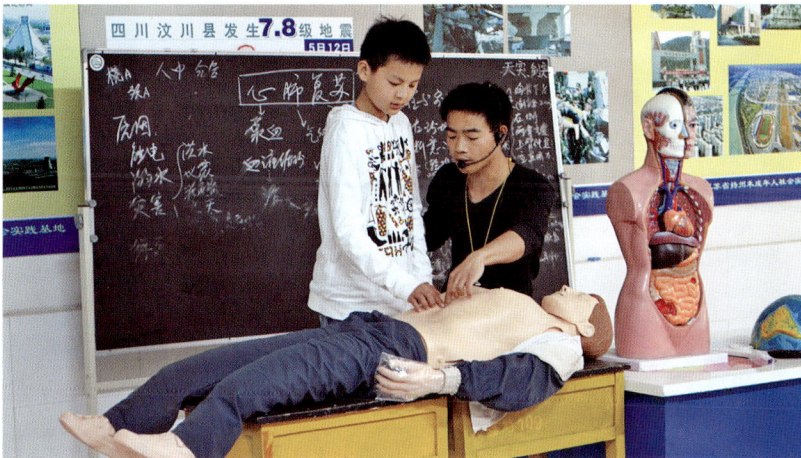

▲学习心肺复苏

在宝应湖国家湿地公园内，还建有跑马场、魔幻屋、八卦竹阵、欢乐海、水上乐园等小型游乐场所，还辟有森林氧吧、杉青水秀城廊、野外拓展场地，宝应湖中还分布着两个四面环水的小岛，这些均为学生开展活动提供了很好的资源。

近年来，宝应基地与县内相关部门协作，先后成功创建扬州市文明单位、扬州市国防教育基地、扬州市社会科学普及示范基地、江苏省青少年科普教育示范基地、江苏省节水单位、全国科普教育基地、2014年度省节水教育基地、江苏省学校安全教育基地、江苏省防震减灾科普教育基地、江苏省首批省级研学旅游示范基地、中国科协和联合国儿童基金会资助的非正规教育项目培训基地等。

江苏省扬州未成年人社会实践基地（宝应）基本情况

基地地址	宝应县正润生态园内		法人代表	林峰
管理人员（人） 7	在编教师（人）	9	聘用人员（人）	49
占地面积（亩）	200	建筑面积（平方米）		13000
年接待能力（人次） 150000	宿舍床位数（张）	1340	就餐座位数（个）	900
接待对象	小学生	初中生	高中生	其他
近年接待学生数（人次） 2014年	27456	81307	39734	—
2015年	32308	81813	31456	—
2016年	41860	76846	33443	—

▲学生制作风筝

二、课程设置

宝应基地紧扣湿地生态文化、苏中红色文化、水乡荷文化主题，主要开设休闲娱乐类、素质拓展类、生活体验类、实践强能类、科技发展类、综合调查类等课程。基地自建立以来，已成功接待了扬州市区、宝应县内及周边县市40多万名中小学生，组织了社会实践、军训、特色夏令营等活动，让学生们在这里体验了生活，陶冶了情操，丰富了知识，磨炼了意志，基地也取得了良好的社会效益。

江苏省扬州未成年人社会实践基地（宝应）课程设置

序号	领域	模块	项目
1	拓展	军训拓展类、素质拓展类	击鼓颠球、挑战150、驿站传书、林中拓展、真人CS、军事训练
2	生存体验	生命救护类、野外生存类	担架制作、三角巾包扎、心肺复苏、帐篷搭建野炊
3	馆室参观	交通安全、生态文明、节水、法制教育、人民防空教育	交通模拟、接龙取水、法律讲堂、消防演习
4	农事	传统农耕类、种植类	除草、翻地、移植收获（根据季节特点安排）
5	娱乐	文化娱乐、游园	露天电影、篝火晚会、4D影院、游园（游乐场、动物园、水上乐园）

扬州市江都区学生校外活动实践基地

一、基地建设

2002 年 6 月 18 日，江都市青少年素质教育基地揭幕开营。升级改造后于 2012 年 1 月正式更名为"扬州市江都区学生校外活动实践基地"。它是一所纯公办、纯公益性未成年人校外活动场所。校区有两处，一是本部，二是国防教育园。基地占地总面积约 104 亩，建筑面积 8571 平方米，正式在编人员 22 名。每年接待全区五年级和八年级近两万名学生参训。

江都基地先后获得"创建省级双拥模范区'先进单位'"、"扬州市国防教育示范基地"、区教育系统"先进基层党组织"等荣誉称号。

省电视台教育频道、江都电视台、《扬州时报》、《江都日报》等媒体对基地作过多次报道。多次承办"扬州市中小学社会实践基地协作会年会"，还承办过"扬州市青工技能（盆景）大赛"，接待过澳大利亚及省内外数十个教育团体参观访问，取得了良好的社会效应。

现在，江都学生实践基地正以前所未有的活力迈向美好的明天。

▼基地景观

扬州市江都区学生校外活动实践基地基本情况

基地地址	扬州市江都区仙女镇曹王林园场			法人代表	赵志明
管理人员（人）	7	在编教师(人)	22	聘用人（人）	7
占地面积（亩）		104	建筑面积（平方米）		8571
年接待能力（人次）	80000	宿舍床位数（张）	600	就餐座位数（个）	600
接待对象		小学生	初中生	高中生	其他
近年接待学生数（人次）	2014 年	24145	23502	－	1000
	2015 年	31054	30114	－	2000
	2016 年	30148	29896	－	2000

二、课程设置

　　基地开设了生存体验、素质拓展、科学实践、专题教育等模块的课程。特色有：《卉木艺苑》课程，制作学生《活动视频》并在结营时播放，开展学生"志愿者服务"，开营首日安排 2 小时学生军训等。众多学生的实践感言、体会文章曾在报刊杂志上发表。

▼学生体验课

扬州市江都区学生校外活动实践基地课程设置

序号	领域	模块	项目
1	生存体验	生活技能	家政烹饪、怡情垂钓、模拟驾驶、茶艺、内务整理实践、豆浆制作
		野外生存	帐篷搭建、情趣野炊
		紧急救护	心肺复苏、"红十字"系列培训
		防灾减灾	消防演练、防震演练、防空演练、防踩踏演练
		手工体验	丝网花制作、陶艺制作、软陶捏塑、火箭制发、艺术烫画、中国结艺、工艺串珠
		农业劳动实践	卉木艺苑、葡萄采摘、植物栽培
		工业劳动实践	机床加工、参观"都莎"羽绒服生产线
2	素质拓展	军事训练	军训、军事五项、真人CS、起倒靶、雷阵
		体能拓展	场地拓展训练系列28项、水上项目2项
		文化娱乐	才艺展示、班级风采展示、影视欣赏、视听语言、基地"实践之声广播台"、"实践感言"征文
		球类运动	拔河比赛、晨练
		科学探究	动植物识别、水的净化、奇趣理化现象、无线电测向
3	科学实践	技术与设计	创意搭建、电子积木、心形LED灯制作、海模装配与竞技、车模制作、航模制作与竞技、电子钟制作、空气动力车制作、雕版印刷
4	专题教育	革命传统教育	参观纪念牌、烈士故居;党史教育、参观"江都抗战纪念馆"
		传统美德教育	感恩教育、"八礼四仪"教育、"光盘行动""核心价值观"教育
		国防教育	兵器参观、国防知识教育

仪征市中小学素质教育实践基地

一、基地建设

仪征市中小学素质教育实践基地由仪征市教育局于 2011 年 5 月创办挂牌，位于仪征市铜山街道，距市中心 12 公里，交通便利。基地占地面积 35 亩，现有在职教师 8 人。五年多来，在原仪征铜山初中基础上，前后投入 1000 多万元资金对基地进行了维修改造，已初步形成年接待量 17000 人次的规模。基地现有各类制作实践室 6 个，户外拓展项目 8 项，即素质拓展、科技模型制作、劳动实践、专题教育、地方特色文化、生命安全、国防展览等多个活动项目。几年来，基地以活动课程建设为中心，开设的课程始终坚持"科学性、兴趣性、参与性、操作性、安全性"的原则，以教育学、心理学为理论依据，以立德树人、实践育人为宗旨，充分整合各种资源，开辟丰富多彩的活动课程，初步形成了五年级和八年级的基地活动课程体系，以快乐体验、创新实践为主线，让学生在实践中接受教育，在创新中体验乐趣。

▼学生参加活动

实践基地自 2011 年 5 月运行以来，截至 2016 年 6 月共接待了全市五年级、八年级的学生总计约六万四千人次的培训。基地的教育活动对仪征教育而言，是一项新的工作，既无经验又无固定的教学模式，在今后的教学实践中应根据不同年级学生的特点，保留特色课程，开发和拓展新的活动课程，努力让来到基地的学生提高科学素质，增强实践能力，提高未来竞争力，打造具有仪征特色的中小学素质教育实践基地。

仪征市中小学素质教育实践基地基本情况

基地地址		仪征市铜山街道 100 号		法人代表		陈明
管理人员（人）	2	在编教师（人）	8	聘用人员（人）		无
占地面积（亩）		35		建筑面积（平方米）		4584
年接待能力（人次）	17000	宿舍床位数（张）	360	就餐座位数（个）		360
接待对象		小学生	初中生	高中生		其他
近年接待学生数（人次）	2014 年	4200	4300	—		—
	2015 年	3800	3740	—		—
	2016 年	3800	4000	—		—

二、课程设置

基地开设了素质拓展、科技制作、劳动实践、专题教育等领域的课程。

仪征市中小学素质教育实践基地课程设置

序号	领域	模块	项目
1	素质拓展	团队或个体	攀岩、信任背摔、齐心协力、高空桥、穿越电网等
2	科技制作	团队或个体	航模、机器人、风筝制作、机床模拟等
3	劳动实践	个体	编织、厨艺等
4	专题教育	团队	军训、交通安全、消防安全、红十字救护等
5	地方特色	个人	扬州剪纸、登山等

镇 江 市

镇江市中小学社会实践基地概况

　　镇江市现有两所中小学实践基地：江苏省镇江青少年综合实践基地、江苏省镇江未成年人社会实践基地。

　　江苏省镇江青少年综合实践基地坐落于镇江市丹徒区世业镇卫星村，占地面积500亩，是全国唯一一座建在长江中心沙洲和水面上的基地。

　　江苏省镇江未成年人社会实践基地（以下简称"镇江基地"）是由江苏省文明办命名的省级未成年人社会实践基地，前身为2008年建成运行的丹阳市中小学生综合实践基地。

基地名称	基地性质	主管部门
江苏省镇江青少年综合实践基地	公办	镇江市教育局
江苏省镇江未成年人社会实践基地	公办	丹阳市教育局

江苏省镇江青少年综合实践基地

一、基地简介

　　江苏省镇江青少年综合实践基地分一期和二期建设。一期工程于 2013 年 11 月 29 日开工，建筑面积 14570 平方米，建有综合实践楼、学生公寓、餐厅、户外拓展训练基地、青少年航空飞行营地、镇江"三怪"文化体验馆和镇江茶文化体验馆等，一次可接待近 1000 名学生参与综合实践活动。二期工程将建设"七色彩虹风雨"操场、青少年航空科技体验馆、生命教育馆和国防教育馆。

　　单位近三年获得的荣誉有：

　　2014 年，被评为镇江市"平安校园"、江苏省"科普教育基地"、"国家示范性综合实践基地"。

　　2015 年，党员"微公益"行动获镇江市教育局首批"三为"党建品牌，被评为江苏省"农业循环经济教育示范基地"、国家航空飞行营地。

▼基地景色

2016 年，打造的"复合多能型"教师队伍获"2015 年教育行风建设十大亮点"；基地获 2015 年度法治型、服务型"四星"先进党支部，被评为镇江市教育局"先进基层党组织"；2016 年 2 月，被镇江市总工会授予"模范职工之家"称号；2016 年 7 月，获得"首批省级研学旅游示范基地"称号。

基地现有教职工 32 人，其中高级教师 16 人，一级教师 3 人，镇江市骨干教师 2 人，教育硕士 1 人。

江苏省镇江青少年综合实践基地基本情况

基地地址	镇江市丹徒区世业镇卫星村纸厂公房 49 号		法人代表	陈进平
管理人员（人）	10	在编教师（人） 22	聘用人员（人）	10
占地面积（亩）	500		建筑面积（平方米）	14570
年接待能力（人次）	30000	宿舍床位数（张） 938	就餐座位数（个）	850
接待对象	小学生	初中生	高中生	其他
近年接待学生数（人次） 2014 年	－	－	21000	－
2015 年	－	－	21000	－
2016 年			30000	

▼ "行走的格桑花"探索营活动

▲学生参加活动

二、课程设置

目前江苏省镇江青少年综合实践基地已开发"亚夫"农业实践、"乡情"文化实践、素质拓展体验、航空科技教育、主题教育五大类共 120 多门课程。

江苏省镇江青少年综合实践基地课程设置

序号	领域	模块	项目
1	农业	"亚夫"农业实践	农事体验、新农村生活体验
2	非遗	"乡情"文化实践	剪纸、烙铁画、泥叫叫、衍纸、茶艺、面塑
3	体育	素质拓展体验	陆上拓展、水上拓展、真人 CS、高尔夫球、壁球
4	科技	航空科技教育	航模、无线电测向、3D 打印、模拟射击
5	人文	主题教育	团体辅导、法制教育、自救互救、国防教育、文明礼仪教育、民族团结教育

江苏省镇江未成年人社会实践基地

一、基地建设

镇江基地高度重视对教师教学技能水平的提高，加大名师培养的力度，通过内联外姻，吸引"能工巧匠"型教师来基地创建名师工作室。基地现为江苏省中小学社会实践基地协作会理事单位、江苏省中小学社会实践基地协作会手工技艺中心组组长单位。2014 年 10 月成功举办江苏省中小学社会实践基地协作会一届五次理事会，同年 10 月成功举办全省风筝制作和烙铁画两个项目的教师专业技能培训活动。2016 年 5 月，承办了省社会实践基地协作会手工技艺中心组教学研究活动，对全省手工技艺项目教学水平提升起到一定的引领发展作用。

镇江基地先后被授予"中央彩票公益金支持单位"、"国家彩票公益金资助单位"、"江苏省国防教育先进单位"、"江苏省预防青少年违法犯罪工作先进集体"、"镇江市文明单位"。

镇江未成年人社会实践基地基本情况

基地地址		丹阳市陵口镇北肖梁河路		法人代表／负责人	张新祥
管理人员（人）	9	在编教师（人）	47	聘用人员（人）	12
占地面积（亩）		206	建筑面积（平方米）		36119
次接待量（人次）	80000	宿舍床位数（张）	1250	就餐座位数（个）	1250
接待对象		小学生	初中生	高中生	其他
近年接待学生数（人次）	2014 年	22020	21579	26508	—
	2015 年	23730	21039	26100	—
	2016 年	23874	21606	27240	

二、课程设置

镇江基地自主开发了手工制作、生命与健康教育、传承文明、农事体验、国防教育、科技创新等六大系列三十多个实践活动项目，形成了小学和初中两大系列，初步建设完善了未成年人社会实践活动课程体系。

▲ 多姿多彩的风筝制作活动

镇江未成年人社会实践基地课程设置

序号	领域	模块	项目
1	手工制作	生活技能	石磨豆浆、家政烹饪
		手工技艺	丝网花制作、陶艺制作、中国结制作、十字绣制作、木工制作、串珠制作、礼品包装
2	生命与健康教育	紧急救护训练	生命体征测量、心肺复苏、应急救护
		安全教育	交通安全教育、汽车模拟驾驶
		毒品教育	毒品预防教育
3	传承文明	民俗文化传承	烙铁画制作、风筝制作与放飞、剪纸艺术
4	农事体验	农业劳动实践	农业实践园考察、果树整治与施肥、无土栽培、盆景制作、农产品检测、应时农事作业体验
5	国防教育	国防教育	国防教育馆展览参观
		军事训练	内务整理、队列训练、仿真激光射击
		素质拓展	高空拓展训练、低空拓展训练、室内拓展训练
6	科技创新	科技体验	电子制作、航模制作与放飞、无线电测向、3D 打印

江苏省镇江未成年人社会实践基地
ZHENJIANG MINORS SOCIAL PRACTICE BASE, JIANGSU PROVINC

泰州市教育及实践基地概况

泰州是社会事业全面发展的文明城市，素有"教育之乡"的美誉，截至"十二五"末，全市共有基础教育学校 649 所，中等职业学校（不含技工学校）12 所，普通高校 7 所，各级各类民办学校（教育机构）113 所（不含民办培训机构、技工学校）。全市坚持把教育现代化建设摆在重要位置，市政府与省教育厅签订了《共同推进泰州教育改革发展合作协议》，实施"163"转型发展行动计划，将教育现代化指标体系与各级各类教育充分融合，大力推进教育质量提升、教师队伍优化、教育公平促进、教育结构调整、国际教育拓展和教育生态营造等六大工程，教育现代化建设水平逐年提升。

泰州市各类教育事业协调发展，靖江、姜堰被评为省"学前教育改革发展示范区"；义务教育阶段现代化学校占比达 75%，所有市（区）均建成"全国义务教育发展基本均衡市（区）"；职业教育校、企合作全面深化，现代学徒制启动试点，在近三届全国发明展览会上获奖众多；高等教育办学水平不断提升，泰州师专升格为公办本科泰州学院，江苏农牧科技职业学院建成国家示范性高职院校，各独立学院均获得学士学位授予权。

泰州市中小学社会实践基地

基地名称	基地性质	主管部门
泰州市中小学生社会实践基地	民办	泰州市教育局

泰州市中小学生社会实践基地

一、基地建设

　　泰州市中小学生社会实践基地位于泰兴市黄桥镇祁巷村，由泰州市教育局、泰兴市教育局、黄桥镇祁巷村村委会、江苏金辰农业科技有限公司共建。

　　基地现已建成农耕实践园、国防教育园、素质教育拓展园、生存能力体验园、娱乐活动园等场所。其中，农耕实践园包含百亩葡萄园、桃园、牡丹园、千亩香荷芋基地、农产品加工厂、学生开心农场等多个活动场所。基地现有室内活动室三个，多功能教室一个。室内、室外场所能同时容纳 1000 名学生开展实践活动，一次可接纳 400 多名学生住宿、1000 名学生同时就餐。正在建设中的学生活动中心占地 25 亩，集主题教育、室内实践操作为一体，具备提供学生集中活动、教育培训的综合功能，这将为学生进行进一步拓展训练提供更加广阔的空间。

　　基地开发了主题文化类、实践制作类、素质拓展类、创意设计类、趣味活动等五大类二十一个实践活动项目。围绕"立德树人、实践育人"的理念，不断完善活动课程内容，已形成基地活动课程的四大特色：一是基地课程与社会主义新农村建设相结合；二是基地课程与地方资源相结合；三是基地课程与现代科技相结合；四是基地课程与野外生存体验相结合。基地自创建以来，已累计接待学生超过 20 万人次。

　　2015 年，基地分别获得泰州市教育局表彰的"推进素质教育先进集体"、泰兴市教育局表彰的"综合考核先进集体"、泰兴市文明委表彰的"文明单位"等荣誉称号。

▲学生参加素质拓展活动

泰州市中小学生社会实践基地基本情况

基地地址	泰兴市黄桥镇祁巷村		法人代表	丁正兵
管理人员（人）	16	在编教师（人） 24	聘用人员（人）	6
占地面积（亩）	3000	建筑面积（平方米）		12000
年接待能力（人次）	100000	宿舍床位数（张） 400	就餐座位数（个）	1000
接待对象	小学生	初中生	高中生	其他
近年接待学生数（人次） 2014 年	20756	16012	3127	—
2015 年	24592	21088	4544	—
2016 年	28879	23026	7604	—

▲学生在进行茶艺学习

二、课程设置

基地开设了主题文化、实践制作、素质拓展、创意设计、趣味活动等方面的课程。

泰州市中小学生社会实践基地课程设置

序号	领域	模块	项目
1	生存体验	主题文化	茶文化、牡丹花卉移植、观赏牡丹、油籽牡丹采摘
		实践制作	银杏哨子制作、涨烧饼的制作、风筝制作与放飞、计算机的拆装
2	军事训练	素质拓展	野外生存、CS镭战、飞碟射击、急救自护
3	科学实践	创意设计	叶子拼图、石膏彩绘、沙雕、秸秆编织、扎稻草人
		趣味活动	趣桥、浅水捉鱼、多米诺骨牌、手机摄影

宿迁市

宿迁市中小学社会实践基地概况

宿迁市现有各级各类学校及幼儿园 771 所，其中，幼儿园 405 所，特殊教育学校 5 所，小学 158 所，初中 156 所，普通高中 27 所，中等职业学校 17 所，普通高等学校 3 所。在校生 94.9 万人。共有在职教职工 68204 人，专任教师 55879 人。

全市 3~5 周岁幼儿入园率达 95%，义务教育阶段入学率、普及率保持 100%，初中毕业生升学率达 98.57%。全市中等职业学校在校生 95548 人，本地就业率达 50.2%。全市民间资本投入教育累计达 42 亿元，现有民办教育机构 292 所，其中，民办高中在校生 4.8 万人，占全市高中在校生的 53%。共有高校 3 所，在校生 2.1 万人。

全市现有江苏省中小学生社会实践基地 3 个，分别为江苏省宿迁未成年人社会实践基地、泗阳县众兴镇小学行知教育实践基地和泗洪县青少年综合素质实践基地。

宿迁市中小学社会实践基地

基地名称	基地性质	主管部门
江苏省宿迁未成年人社会实践基地	公办	中共宿迁市委宣传部
泗阳县众兴镇小学行知教育实践基地	公办	泗阳县教育局
泗洪县青少年综合素质实践基地	公办	泗洪县教育局

江苏省宿迁未成年人社会实践基地

一、基地建设

江苏省宿迁未成年人社会实践基地位于风景优美的湖滨新区，地处三台山大道和合欢路交叉口东南侧。基地项目总占地123亩，建筑面积为1.6万平方米。2012年6月正式投入使用。2016年7月起与《宿迁日报》社合作运营，又投入资金进行维修改造和课程、设备添置。

基地在课程设置方面突出参与性、体验性、实践性、活动性和创新性，集素质拓展、专题教育、科技实践、职业体验等于一体，让学生们在丰富多彩的社会实践活动中快乐学习、快乐成长。基地周边另有近5万平方公里的优质资源辐射区，其中三台山森林公园、骆马湖旅游景区、骆马湖高效农业示范区、雪峰公园、宿迁高教园区等丰富的自然、人文教育资源可供组织开展各种实践活动。

2013年，基地荣获宿迁市"七彩的夏日"未成年人暑期系列活动"优秀活动场馆"奖；同年被评为"宿迁市科普教育基地"。2014年12月举办的"爱成长·心动力"活动在共青团中央、民政部组织的首届"中国青年志愿服务项目大赛"中获得银奖；同年获宿迁市未成年人文明礼仪风采大赛"组织奖"。2015年"青春芭蕾"生命教育、"正面管教"项目获得宿迁市志愿服务项目二等奖。2016年9月"青春芭蕾"

▼江苏省宿迁未成年人社会实践基地

生命教育获得江苏省首届"志愿服务交流大会"银奖。

江苏省宿迁未成年人社会实践基地基本情况

基地地址	宿迁市湖滨新区彩塑路与学成路交叉口西南侧		法人代表	吴金菊
管理人员（人）	4	在编教师（人） 8	聘用人员（人）	20
占地面积（亩）	123		建筑面积（平方米）	16000
年接待能力（人次）	100000	宿舍床位数（张） 1112	就餐座位数（个）	1392
接待对象	小学生	初中生	高中生	其他
近年接待学生数（人次） 2014 年	37537	28126	18889	－
2015 年	42505	28064	18430	－
2016 年	16052	12773	8731	－

二、课程设置

宿迁未成年人社会实践基地按照有关文件的要求，针对学生需求以及学校自身特色，开设了以生存体验、素质拓展、科学实践、专题教育四大板块为主的课程体系，下设不同模块和项目，供学生们选择。

▼学生参加实践活动

江苏省宿迁未成年人社会实践基地课程设置

序号	领域	模块	项目
1	生存体验	生活（家政）技能训练	烹饪、豆制品制作、自行车修理、模拟驾驶
		野外生存体验	野炊、烧烤、露营
		紧急救护训练	心肺复苏急救训练、创伤救护技法实践
		防灾减灾演练	消防演练、地震逃生演练
		手工技艺体验	丝网花设计与制作、石膏模型、电烙画制作、陶泥塑艺术、软陶制作
		农业劳动实践	果树栽培与管理、农具认知
		工业劳动实践	电子电工、金工、木工
		职业生活体验	职业角色体验
		社区服务实践	企业考察、社区劳动、走进养老院
2	素质拓展	军事训练	队列训练、军事竞技、军事内务、军体拳和格斗术、军事定向越野、射箭、真人CS
		体能拓展	高空拓展训练、场地拓展训练、拉练、攀岩
		趣味游戏	多米诺骨牌、益智游戏、棋牌技艺
		文化娱乐	垂钓、篝火晚会、才艺展示、影视赏析、名曲鉴赏
3	科学实践	科学探究	趣味物理、趣味化学、气象观测、天文观测与天文摄影
		技术与设计	航模制作、海模制作、车模制作、无线电测向、电子控制技术、趣味电子制作、机器人搭建、3D打印、通用技术与工程基本技能
		科普教育	趣味科技体验
4	专题教育	心理健康教育	心理咨询与辅导、青春期心理教育、心理剧表演、沙盘游戏
		革命传统教育	升旗仪式、重走长征路、参观革命英雄纪念馆
		传统美德教育	感恩教育、礼仪教育、诚信教育
		民主与法制教育	模拟法庭
		国防教育	人民防空防护演练、国防教育专题讲座
		禁毒教育	毒品预防教育
		民族民俗文化教育	剪纸艺术、风筝制作、特色编织、中国结艺

泗阳县众兴镇小学行知教育实践基地

一、基地建设

泗阳县众兴镇小学行知教育实践基地始终坚持"实践行知教育，打造崇德尚行特色品牌"的办学理念，统领学校教育、教学管理工作，并取得了可喜的成绩。根据实际情况，学校确立了"尚行"的校园文化理念，将校园文化建设与学科教育结合起来，充分发挥媒体的宣传作用，营造良好的文化氛围，开展各种主题文化活动，全面培养学生的特长。开展健康、高雅、向上的校园群体文化活动，丰富师生员工的精神文化生活。

基地围绕社会主义核心价值观和"八礼四仪"主题教育，扎实开展了青少年爱国读书教育活动、英雄事迹报告会、"这是我应该做的"争做文明小义工、"我是一名小学生"七岁入学礼、"成长的足迹"十岁成长礼等德育系列活动，增强了校园文化的德育功能。同时开展"星级学生"、"文明学生"评比活动，以及班容班貌评比和五项竞赛活动，为进一步巩固"正品雅行"的校风、"善爱慧行"的教风和"乐学敏行"的学风打下了坚实的基础。同时，积极开展丰富多彩的学生社团活动，推动校园文化的蓬勃发展。近年来，基地还坚持开展"四节"活动——艺术节、体育节、读书节和科技节，对培养学生的创新精神和实践能力，推动校风、

▼学生参加课堂演示

▲学生在课堂听课

学风建设发挥了很大作用。此外，基地认真开展大课间活动以及阳光体育活动，展现学生才智，鼓励学生有个性、有特长地发展。活动的开展活跃了校园文化生活，起到了寓教于乐的效果。

坚持不懈的努力也获得了丰硕成果，近年来基地荣获多项荣誉，先后被评为江苏省行知教育示范学校、江苏省仿生机器人训练基地、江苏省安全文明校园、江苏省文明交通示范学校、江苏省绿色学校、江苏省防震减灾科普示范学校、江苏省节水型学校、江苏省生态文明示范学校、江苏省中小学生仿生机器人大赛总冠军，也被授予泗阳县"教学工作先进单位"、泗阳县"教育工作三年图强先进集体"、宿迁市"教育工作先进单位"、宿迁市文明单位等。

宿迁泗阳县众兴镇小学行知教育实践基地基本情况

基地地址		泗阳县北京西路7号		邮编	223700
管理人员（人）	26	在编教师（人）	175	聘用人员（人）	65
占地面积（亩）		83	建筑面积（平方米）		25800
年接待能力（人次）	5000	宿舍床位数（张）	380	就餐座位数（个）	1800
接待对象		小学生	初中生	高中生	其他
近年接待学生数（人次）	2014年	1800	—	—	—
	2015年	3400	—	—	—
	2016年	3900	—	—	—

泗洪县青少年综合素质实践基地

　　泗洪县青少年综合素质实践基地地处国家 3A 级旅游风景区洪泽湖森林公园，位于泗洪县城头乡四分场，占地面积 800 亩。基地是融青少年户外训练、科普教育、艺术教育、青少年拓展训练等多种功能为一体的综合素质实践基地。基地内森林繁茂、空气清新，湖水澄碧、百鸟鸣唱，是活动休闲的好去处，充分为青少年提供了一个陶冶情操、张扬个性、拓展视野、发展能力及特长、体现自我才能活动场所。

　　按照有关文件对青少年校外活动场所性质的要求，基地以服务青少年、服务学校、服务社会为宗旨，以培养热爱自然的性情、陶冶情操为目的，制定了面向学校、面向青少年、面向社会的办学方针。基地于 2007 年投入使用之后，很大程度上解决了泗洪青少年乃至县域周边青少年校外活动场所不足的问题，为青少年学生综

▼基地全景

▲学生在学习电脑操作技能

合素质的培养和锻炼提供了平台。但由于诸多原因，基地的工作一度处于停滞状态。2013年底争取到省补资金后，基地工作重新启动。

2014年，县财政局、教育局、乡政府的领导多次对基地进行调研，对基地进行了整体规划，同时对基地现存的设备设施、场地、食住、环境、景观层次等进行了有计划按进度的维修、添置和整体提升。2015年，对基地内的13座趣桥进行了维修和维护，对基地内的大面积杂草和花木进行多次的清理和修剪维护，对园内原有的三座已坏的木桥进行了重新设计并施工，卡丁车游乐场被重新改造设计为儿童主题乐园。

图书在版编目（CIP）数据

江苏省中小学社会实践基地风采录 / 江苏省教育装
备与勤工俭学管理中心编 . -- 南京：南京大学出版社，
2018.2

ISBN 978-7-305-18941-8

Ⅰ . ①江…　Ⅱ . ①江…　Ⅲ . ①中小学生 – 社会实践 –
概况 – 江苏　Ⅳ . ① G632.429

中国版本图书馆 CIP 数据核字（2017）第 160439 号

出 版 者　南京大学出版社
社　　 址　南京市汉口路22号　　邮　编　210093
网　　 址　http://www.NjupCo.com
出 版 人　金鑫荣

书　　 名　**江苏省中小学社会实践基地风采录**
编　　 者　江苏省教育装备与勤工俭学管理中心
责任编辑　崔智博　王　静　耿飞燕　　编辑热线　025-83595227

照　　 排　南京新华丰制版有限公司
印　　 刷　南京凯德印刷有限公司
开　　 本　787×1092　1/16　印张12.75　字数180千
版　　 次　2018年2月第1版　2018年2月第1次印刷
ISBN　978-7-305-18941-8
定　　 价　60.00元

网址：http://www.njupco.com
官方微博：http://weibo.com/njupco
官方微信号：njupress
销售咨询热线：（025）83594756